Español Lengua Extranjera

Curso para adolescentes

¿Español?
¡Por supuesto!

2 A2

María Ángeles Palomino

Usa este código para acceder al
LIBRO DIGITAL
y al
BANCO DE RECURSOS
disponibles en

Ẽ digital ELE

www.anayaeledigital.es

Índice

¿Recuerdas? PÁG. 4

Repaso de los contenidos vistos en el nivel anterior:

Gramática y comunicación: los interrogativos; el presente de los verbos regulares e irregulares; el pretérito perfecto simple; *ir a* + infinitivo; los demostrativos; el verbo *gustar*; la hora; las expresiones de lugar; contraste *hay/está(n)*.

---

1 ¿Cómo son tus amigos?

Objetivos PÁG. 8
- Decir cómo es una persona
- Conocer diferentes deportes
- Decir qué te gusta y qué no
- Pedir y dar explicaciones

LÉXICO PÁG. 10
- Los adjetivos para describir el carácter
- Los deportes

COMUNICACIÓN PÁG. 12
- Describes a tus amigos
- Hablas de tus deportes favoritos
- Expresas tus gustos
- Indicas con qué frecuencia haces una cosa
- Pides y das explicaciones

GRAMÁTICA PÁG. 16
- El adjetivo: género y número
- La intensidad: *muy/mucho*
- El presente del verbo *jugar*
- El verbo *encantar*
- Las expresiones de frecuencia: *siempre, a menudo*...

Vivir en sociedad PÁG. 18
Compañeros de otros países

AREA de Historia PÁG. 19
Los viajes de Colón

MAGACÍN PÁG. 20
- España de la A a la Z
- Proyecto cultural

---

2 ¿Cómo es tu ciudad?

Objetivos PÁG. 22
- Hablar de la ciudad y del barrio
- Quedar con un amigo
- Indicar cómo ir a un lugar

LÉXICO PÁG. 24
- La ciudad y las tiendas
- Los números ordinales

COMUNICACIÓN PÁG. 26
- Describes tu barrio
- Propones actividades
- Aceptas o rechazas una invitación
- Expresas obligación
- Indicas una dirección

GRAMÁTICA PÁG. 30
- *Tener que* + infinitivo
- Los verbos *querer* y *poder*
- El imperativo regular
- El imperativo del verbo *ir*

Vivir en sociedad PÁG. 32
En bici por la ciudad

AREA de Lengua PÁG. 33
La comunicación y las lenguas

MAGACÍN PÁG. 34
- Descubres Madrid
- Proyecto cultural

---

3 ¿Qué me pongo?

Objetivos PÁG. 36
- Decir qué ropa llevas
- Explicar qué estás haciendo
- Hablar del tiempo

LÉXICO PÁG. 38
- La ropa y el calzado
- El tiempo atmosférico

COMUNICACIÓN PÁG. 40
- Describes qué ropa llevas
- Hablas de acciones en curso
- Dices qué tiempo hace

GRAMÁTICA PÁG. 44
- *Estar* + gerundio
  - con verbos pronominales
  - con pronombres de OD: *me, te, lo/la, nos, os, los/las*

Vivir en sociedad PÁG. 46
Los jóvenes y la moda

AREA de Educación Plástica y Visual PÁG. 47
El significado de los colores

MAGACÍN PÁG. 48
- Ropa tradicional en Hispanoamérica
- Proyecto cultural

4 ¿Te gusta la naturaleza?

Objetivos — PÁG. 50
- Hablar de la naturaleza
- Contar actividades pasadas
- Indicar qué hay que hacer

LÉXICO — PÁG. 52
- La naturaleza y el paisaje
- El equipo de senderismo

COMUNICACIÓN — PÁG. 54
- Hablas de la naturaleza
- Cuentas actividades pasadas
- Dices de quién es un objeto
- Expresas obligación

GRAMÁTICA — PÁG. 58
- El pretérito perfecto simple: verbos regulares e irregulares
- Los pronombres posesivos: *mío/a/s, tuyo/a/s, suyo/a/s, nuestro/a/s, vuestro/a/s, suyo/a/s*
- *Hay que* + infinitivo

Vivir en sociedad — PÁG. 60
En un parque natural

ÁREA de Geografía — PÁG. 61
Representaciones de la Tierra

MAGACÍN — PÁG. 62
- Hispanoamérica: diversidad de paisajes
- Proyecto cultural

5 ¿Qué comemos hoy?

Objetivos — PÁG. 64
- Hablar de la comida
- Decir qué comes
- Explicar qué has hecho hoy

LÉXICO — PÁG. 66
- Las comidas del día
- Los alimentos

COMUNICACIÓN — PÁG. 68
- Hablas de tus alimentos favoritos
- Expresas cantidad e intensidad
- Cuentas actividades recientes

GRAMÁTICA — PÁG. 72
- La cantidad: *mucho/a, muchos/as*
- El pretérito perfecto compuesto
- Los participios irregulares
- El pretérito perfecto compuesto con pronombres de OD

Vivir en sociedad — PÁG. 74
Comer sano

ÁREA de Biología — PÁG. 75
Los nutrientes de los alimentos

MAGACÍN — PÁG. 76
- Dulces y postres españoles
- Proyecto cultural

6 ¿Qué animal prefieres?

Objetivos — PÁG. 78
- Conocer el nombre de los animales salvajes
- Describir animales
- Comparar

LÉXICO — PÁG. 80
- Los animales salvajes y partes de su cuerpo
- Los adjetivos para describir animales
- Los números desde 100

COMUNICACIÓN — PÁG. 82
- Hablas de los animales
- Haces comparaciones
- Cuentas desde 100

GRAMÁTICA — PÁG. 86
- Los comparativos: *más/menos... que; tan... como*
- El adjetivo: género y número
- El superlativo relativo: *el/la... más/menos... de; el/la... mejor/peor... de*

Vivir en sociedad — PÁG. 88
La vida en el zoo

ÁREA de Ciencias de la Naturaleza — PÁG. 89
¿Cómo se desplazan los animales?

MAGACÍN — PÁG. 90
- Animales de Hispanoamérica
- Proyecto cultural

Resumen de gramática PÁG. 92

¿Recuerdas?

Gramática y comunicación

Los interrogativos

1 Elige y completa con el interrogativo adecuado.

1. ¿_____ es el nuevo profesor? ¿Es simpático?
2. ¿_____ son tus asignaturas favoritas?
3. ¿_____ está tu hermano?
4. ¿_____ es tu cumpleaños?
5. ¿_____ haces en clase de Tecnología?
6. ¿_____ es tu número de teléfono?
7. ¿_____ es la chica con el pelo largo?

Quién · Cuál · Qué · Cuándo · Dónde · Cuáles · Cómo

Los verbos regulares en presente

2 Completa con las formas de presente que faltan y escribe los pronombres personales sujeto.

	HABLAR	COMER	ESCRIBIR
	hablo		escribo
		comes	
	habla		escribe
		comemos	
	habláis		escribís
		comen	

3 Completa con estos verbos en presente.

1. En clase de Inglés (nosotros) .... textos interesantes.
2. En el recreo (yo) .... con mis compañeros.
3. ¿A qué hora (tú) .... todas las mañanas?
4. Todos los días Andrés .... chocolate con cereales.
5. El profesor .... la lección.
6. Los alumnos .... a las preguntas del profesor.
7. Todos los días los alumnos .... en el comedor del instituto.
8. –¿A qué hora (vosotros) .... al instituto todos los días?
   –A las ocho y diez.
9. Todas las tardes (yo) .... música en mi habitación.
10. Mis abuelos .... en Salamanca.

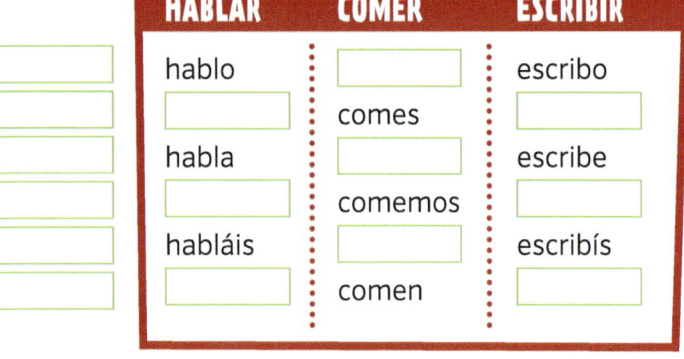

desayunar · levantarse · leer · hablar · llegar · escuchar · responder · explicar · comer · vivir

Los verbos irregulares en presente

4 Completa la presentación de Inés con los verbos adecuados.

> tener • merendar • ver • acostarse (x2) • ducharse • vestirse • ir • empezar
> cenar • ser (x2) • volver (x2) • hacer • levantarse • estar • comer

(1) .... Inés y (2) .... de Valencia. No (3) .... hermanos. (4) .... en 2.º curso de ESO. Todos los días (5) .... a las 7:00, (6) .... y (7) .... (8) .... al instituto con mi compañera Sara. Las clases (9) .... a las 8:15. A las 14:00, Sara y yo (10) .... en el comedor del instituto con los compañeros. A las 17:00 (yo) (11) .... a casa, (12) .... y (13) .... los deberes. Mi padre (14) .... de la oficina a las 18:30. A las 21:00 (15) .... Después de cenar, mis padres y yo (16) .... la tele. Yo (17) .... a las 22:30 y mis padres (18) .... a las 23:30.

El pretérito perfecto simple

5 Pon en pretérito perfecto simple estas formas en presente.

1. voy
2. vienes
3. escucho
4. meriendan
5. aprendes
6. hacemos
7. te acuestas
8. escribe
9. viven
10. habláis
11. vuelves
12. me levanto

Ir a + infinitivo

6 Observa las fotos y escribe qué planes tienen estas personas.

1 Yo/este verano
Este verano voy a hacer surf.

2 Elena/esta noche

3 Yo/a las 17:00

4 Rosa y Alba/el sábado

5 Tú/este verano

6 Nosotros/esta tarde

La frase negativa

7 Pon estas frases en la forma negativa.

1 Los lunes tengo Matemáticas.
　..
2 ¿Te gusta leer?
　..
3 Voy al instituto con mi hermano.
　..
4 Mis compañeros están en el patio.
　..
5 Los lunes comemos en el comedor del instituto.
　..

El género de los adjetivos

8 Encuentra el femenino de cada palabra en la cadena.

1 francés　　5 español
2 largo　　　6 moreno
3 estadounidense　7 italiano
4 azul　　　　8 verde

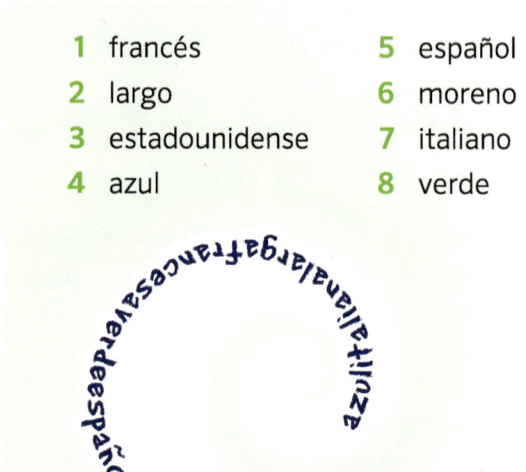

El plural de los nombres

9 Escribe el plural de estas palabras.

1 Los portátiles

Los posesivos

10 Escribe frases, como en el modelo.

1 (yo) / mi libro
2 (ellas) /
3 (tú) /
4 (ellas) /
5 (ella) /
6 (nosotros) /
7 (yo) /
8 (tú) /

Los demostrativos

11 Transforma las frases, como en el modelo.

1 El libro está ahí.   *Ese libro.*
2 El perro está ahí.   ....
3 La bici está aquí.   ....
4 El helado está allí. ....
5 Los alumnos están aquí.   ....
6 Las fotos están allí.   ....
7 El balón está aquí.   ....
8 Los bolígrafos están allí.   ....

El verbo *gustar*

12 Forma frases, como en el modelo.

1 tú / *Te gusta patinar.*   2 nosotros / ....   3 vosotros / ....

4 ella / ....   5 tú / ....   6 él / ....

La hora

13 Observa los relojes y escribe la hora.

¿Qué hora es?

1 ....   2 ....   3 ....   4 ....

Hay/Está(n)

14 Completa las frases con *hay*, *está* o *están*.

1 En el patio del instituto .... tres árboles.
2 Mi abuelo .... en el salón.
3 ¿Dónde .... tus libros?
4 ¿En tu aula .... una pizarra digital?
5 Son las 10, Sara .... en el instituto.
6 ¿Qué .... en tu habitación?

¿Cómo son tus amigos?

Objetivos

1. Decir cómo es una persona
2. Conocer diferentes deportes
3. Decir qué te gusta y qué no
4. Pedir y dar explicaciones

▶ LÉXICO
- Los adjetivos para describir el carácter
- Los deportes

▶ COMUNICACIÓN
- Describes a tus amigos
- Hablas de tus deportes favoritos
- Expresas tus gustos
- Indicas con qué frecuencia haces una cosa
- Pides y das explicaciones

▶ GRAMÁTICA
- El adjetivo: género y número
- La intensidad: *muy* / *mucho*
- El presente del verbo *jugar*
- El verbo *encantar*
- Las expresiones de frecuencia: *siempre, a menudo*...

Vivir en sociedad
- Compañeros de otros países

ÁREA de Historia
- Los viajes de Colón

MAGACÍN
- España de la A a la Z
- Proyecto cultural

Para empezar... ¡Prepárate!

MIS AMIGOS

1 Mis amigos son… Relaciona la definición con el adjetivo.

1 A Blanca le gusta el deporte.   a Es estudiosa.
2 A Marcos le gusta hablar.   b Es deportista.
3 A Marta le gusta estudiar.   c Es hablador.

LOS DEPORTES

2 Indica qué deporte es.

a

b

1 La natación ☐   2 El snowboard ☐   1 El tenis ☐   2 El fútbol ☐

LOS GUSTOS

3 ¿Quién dice qué? Relaciona las frases y las fotos.

a  b

1 Juego al baloncesto. ¡Me encanta!

2 Y a mí me gusta el voleibol.

LA FRECUENCIA

4 Mira el calendario y completa la frase.

▸ Practico baloncesto ☐ veces a la semana.

nueve **9**

Lección 1
Sara es deportista

Sofía explica a Sara cómo son sus amigos

1

2

3

4

5

6

7

8

9

10 ✓

11

12

- [ ] educados
- [ ] deportista
- [ ] alegre
- [ ] estudioso
- [ ] desordenada
- [ ] sociables
- [ ] habladoras
- [ ] generoso
- [10] egoísta
- [ ] inteligente
- [ ] simpáticas
- [ ] tímida

10 diez

LOS DEPORTES

1 el b_____

2 el __ b __

3 la __ t a _____

4 el s __ b _____

5 el v ____ b ___

6 el _ u r _

7 el _____ j _

8 el _ n _

El carácter CE.1 (p. 6)

1 Observa los colores y relaciona cada foto con el adjetivo adecuado. Después, escucha y comprueba.

2 Escucha a Sofía y a Sara y marca cómo son Lucas (**L**) y Marcos (**M**).

		L	M			L	M
1	alegre			6	inteligente		
2	generoso			7	hablador		
3	deportista			8	estudioso		
4	desordenado			9	simpático		
5	educado			10	sociable		

AulaVirtual PISTAS 1 y 2

3 Ahora, clasifica los adjetivos anteriores. (Para ti)

a Positivos (+)   b Negativos (-)

4 Indica los 3 principales adjetivos para describir a un amigo.

■ *Simpático...* ☐ ☐ ☐

Los deportes CE. 2 (p. 7)

5 Escribe los nombres de los deportes que conoces. Después, escucha y completa los nombres que faltan.

6 Lee una frase. Un compañero dice el (los) deporte(s) correspondiente(s).

1 Es un deporte individual. ▶ *La natación y la gimnasia...*
2 Se practica en el agua. ▶ ....
3 Es un deporte en equipo. ▶ ....
4 Se practica en el interior. ▶ ....
5 Se practica en el exterior. ▶ ....

AulaVirtual PISTA 3

7 Escucha a estos amigos. Aconseja un deporte a cada uno.

1 Marta ☐   3 Carla ☐   5 Camila ☐
2 Mateo ☐   4 Matías ☐

AulaVirtual PISTA 4

[Ahora tú]

Habla en clase de tus deportes favoritos.

A2 B1 DELE

Mi deporte favorito es el baloncesto porque es un deporte en equipo.

Lección 2 — Y tú, ¿cómo eres?

Sara y Sofía están en una librería

1 Escucha la conversación. Luego, ordena el diálogo.

	Sofía	Deportista, alegre... ¡Y muy desordenada!
☐	Sofía	No, no...
☐	Sofía	¡Qué dices!
☐	Sofía	¡Oh!... ¡Son geniales!
☐	Sofía	¡Ja, ja, ja! Sí, hablo mucho, es verdad. Y tú, ¿cómo eres?

	Sara	Entonces, ¿cómo soy?
1	Sara	Mira, postales con nombres.
☐	Sara	¿Yo? A ver... Inteligente...
☐	Sara	Estudiosa, simpática...
☐	Sara	Voy a buscar tu nombre... A ver... Dice: «Sofía es alegre, muy habladora y sociable».

Sara
Significado: Princesa. Viene del hebreo.
Carácter: Deportista, alegre y muy desordenada.
Fecha: 13 de julio.
Personas famosas: Sara Carbonero (periodista), Sara Baras (bailaora de flamenco)

Sofía
Significado: Sabiduría. Viene del griego.
Carácter: Alegre, sociable y muy habladora.
Fecha: 11 de julio.
Personas famosas: Sofía Reyes (cantante), Sofía de Grecia (reina).

2 Termina las frases según la información anterior.

1. A Sara le gusta — b *el deporte.*
2. A Sofía le gusta — a hablar.
3. Sara no es — c alegres.
4. Sofía y Sara son — d ordenada.

El adjetivo: género y número  CE. 3, 4 (p. 7)

3 Subraya los adjetivos que aparecen en el ejercicio 1 y completa la información.

masculino	femenino
▶ Terminados en -o ⟶ estudioso, simpático	a [ ] , [ ]
▶ Terminados en -or ⟶ hablador	+ a [ ]
▶ Terminados en -e ⟶ sociable, alegre	no cambian [ ] , [ ]
▶ Terminados en -ista ⟶ deportista	no cambian [ ]

plural
▶ Terminados en vocal ➔ + s vago ➔ vagos estudiosa ➔ [ ] alegre ➔ [ ]
▶ Terminados en consonante ➔ + es hablador ➔ hablador**es** genial ➔ [ ]

4 Transforma las frases, como en el modelo.

María es alegre. / Patricia y Sara ➔ *Patricia y Sara también son alegres.*

1. Lucas es hablador. / Marta y Lola
2. Pedro es egoísta. / Carlota
3. Sonia es tímida. / Pedro y Miguel
4. José es sociable. / Elena
5. Marcos es estudioso. / Selena
6. Malena es generosa. / Raúl y Luis
7. Alicia es tímida. / Sus hermanas
8. Rubén es inteligente. / Sus compañeras

Expresar intensidad: *muy / mucho*  CE. 5 (p. 8)

muy + adjetivo

■ Mi perro es muy inteligente.

verbo + mucho

■ Natalia estudia mucho.

5 Completa las frases con *muy* o con *mucho*.

1. Voy a la playa, me gusta [ ] el mar.
2. Sonia es [ ] sociable, chatea [ ] con sus amigas.
3. En clase de Inglés navegamos [ ] por Internet, es [ ] interesante.
4. Víctor es [ ] deportista y nada [ ] en la piscina.
5. Los fines de semana paseo [ ] con mi perro.
6. Mi hermana no es [ ] estudiosa, no lee [ ] .
7. Damián es [ ] simpático, en las fiestas de sus amigos baila [ ] .
8. Carolina es [ ] alta y tiene el pelo [ ] largo. Es [ ] alegre.

[Ahora tú]

Lee otra vez las postales con los nombres de Sara y Sofía.

▶ Busca en Internet y crea fichas con los nombres de tus amigos. Preséntalas en clase.

Lección 3
Mi deporte favorito

La pasión de Sofía

AulaVirtual
PISTA 6

1 Escucha a Sofía y lee qué escribe sobre su pasión.

> Tengo una pasión, el deporte. Me encanta jugar al* baloncesto (1), es mi deporte favorito. A menudo veo partidos en la tele. Todos los miércoles tengo entrenamiento con el equipo (2). Dos veces al mes jugamos contra otro instituto. A veces ganamos, pero el equipo de mi hermana no gana nunca.
>
> Vivo en San Sebastián, en el norte de España. Es una ciudad muy bonita al lado del mar, por eso, todos los domingos del año voy a la playa a correr con mi perro (3). En otoño también me gusta mucho ir a la playa con mis amigos (4).
>
> Durante las vacaciones, en verano, me gusta jugar al voleibol (5) y hacer surf (6). Me gusta vivir en una ciudad al lado del mar.

* a + el = al

 a
 b
 c
 d
 e
 f

2 Lee otra vez lo que escribe Sofía y relaciona cada acción con la foto correspondiente.

3 Marca si estas frases son verdaderas o falsas.

1. Le encanta el voleibol.
2. Está en un equipo de baloncesto.
3. Su equipo gana todos los partidos.
4. Ve partidos de baloncesto en la tele.
5. Va a la playa en otoño y en verano.

El verbo *jugar* CE. 6 (p. 8)

JUGAR
- ju**e**go
- ju**e**gas
- ju**e**ga
- jugamos
- jugáis
- ju**e**gan

4 Observa las formas del verbo *jugar*.
Di una casilla. Tu compañero forma una frase.

💬 b2 ▶ *Juegas al voleibol.*

	a	b	c	d	e
1	yo ⚽	tú 🏀	Lola 🏐	vosotros 🎾	ellas 🏐
2	Mateo 🏀	tú 🏐	nosotros 🎾	yo 🏀	ellos ⚽

14 catorce

El verbo *encantar*  CE. 7, 8 (pp. 8, 9)

encantar significa *gustar mucho* y se forma como *gustar*.

5 Indica los pronombres y las formas del verbo *encantar*.

(A mí)	me
(A ti)	
(A Ud., él/ella)	
(A nosotros/as)	
(A vosotros/as)	
(A Uds., ellos/as)	

encant___ bailar, el surf, la playa.

encant___ los animales, las vacaciones.

6 Relaciona las columnas. ¿Cuántas frases puedes formar?

1 Te
2 Nos
3 Me encanta
4 Os encanta
5 A tus compañeras les encantan
6 A mi hermano le

- nadar
- encanta
- jugar
- encantan
- las

a la playa.
b al voleibol.
c *los gatos.*
d en el mar.
e el verano.
f Matemáticas.
g las vacaciones.

Expresiones de frecuencia CE. 9 (p. 9)

7 Lee la información. Después, busca ejemplos en el texto de Sofía.

Expresiones de frecuencia

- ▶ Una vez/dos/tres… veces   al día/a la semana/al mes/al año…
- ▶ Todos los   días/fines de semana/meses/veranos/años…

+ ⟶ −

• A menudo   • A veces   • Nunca + verbo: *Nunca voy* a la piscina.

8 Escucha y marca quién realiza cada actividad, Lola (L) o Juan (J).

AulaVirtual
PISTA 7

1 Juega al fútbol todos los días. ☐
2 Nunca juega al fútbol. ☐
3 Monta en bici todos los fines de semana. ☐
4 Lee cómics a veces. ☐
5 En verano va a la playa todos los domingos. ☐
6 A menudo practica surf. ☐

A2 B1 DELE

[**Ahora tú**]

Habla de tus actividades favoritas y explica cuándo las realizas.

Me encanta Internet. Navego tres veces a la semana.

Repasas la gramática

Escribe las respuestas en tu cuaderno

El adjetivo: género y número

1 Completa los cuadros, como en el modelo.

masculino	deportista				hablador
	deportistas	alegres			
femenino	deportista		tímida		
	deportistas			sociables	

Expresar intensidad: *muy/mucho*

2 Completa las frases con *muy* o *mucho*.

1. Raquel es ____ estudiosa y le gusta ____ la Geografía. Saca ____ buenas notas.
2. Javier y Lucas son ____ desordenados.
3. En verano voy ____ a la playa con mis primos. Viven en una ciudad ____ pequeña, cerca de Valencia.
4. Fernando juega ____ al baloncesto. Su equipo se entrena ____. No son ____ buenos, pero les gusta.
5. Mi prima es morena y tiene el pelo ____ corto. Es ____ simpática. Le gustan los ordenadores y chatea ____ con sus compañeras del instituto.

3 Relaciona y forma 11 frases.

1. ¿Navegas
2. El aula de idiomas es
3. Tu amigo es
4. Los sábados leo
5. Mis primos son
6. Jugamos
7. Carlota es

a muy deportista.
b muy romántica.
c *mucho por Internet?*
d mucho.
e muy grande.
f muy simpático.
g mucho al baloncesto.
h mucho al tenis.
i muy habladores.
j muy alta.

Los verbos *jugar* y *hacer*

4 Escribe frases, como en el modelo. Usa *jugar* o *hacer*.

1. nosotros — Jugamos al baloncesto y hacemos patinaje.
2. tú
3. él
4. yo
5. ellas
6. vosotros

Los verbos *gustar* y *encantar*

5 Completa con el verbo en la forma adecuada según las imágenes, como en el ejemplo.

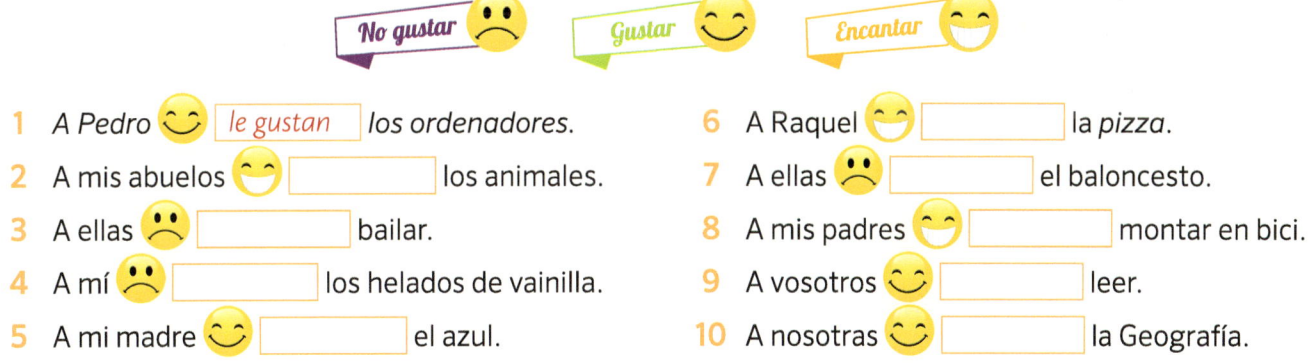

1. A Pedro 😊 *le gustan* los ordenadores.
2. A mis abuelos 😄 .... los animales.
3. A ellas 😕 .... bailar.
4. A mí 😕 .... los helados de vainilla.
5. A mi madre 😊 .... el azul.
6. A Raquel 😄 .... la *pizza*.
7. A ellas 😕 .... el baloncesto.
8. A mis padres 😄 .... montar en bici.
9. A vosotros 😊 .... leer.
10. A nosotras 😊 .... la Geografía.

Las expresiones de frecuencia

6 Ordena las expresiones de menor a mayor frecuencia.

- todos los inviernos
- nunca
- tres veces al mes
- una vez al día
- cuatro veces al año
- dos veces a la semana
- todos los fines de semana

Vivir en sociedad

Compañeros de otros países

1 ¿Qué puedes hacer por tu compañero de otro país? Lee estas acciones y relaciona cada una con el nombre adecuado.

1 tolerar	2 respetar	3 integrar	4 comprender	5 ayudar	6 explicar
7 intercambiar	8 invitar	9 informar	10 colaborar		

- [ ] la comprensión
- [ ] la tolerancia
- [ ] el respeto
- [ ] la explicación
- [ ] la integración
- [ ] la colaboración
- [ ] la ayuda
- [ ] el intercambio
- [ ] la invitación
- [ ] la información

Soy Roberto y estudio 2.º de la ESO. En mi clase somos 23 alumnos y hay tres compañeros de otros países:

Daniela es colombiana. Voy a su casa a menudo y comemos frijoles, un plato colombiano. Daniela también habla español, pero a veces no entiendo muy bien qué dice porque usa palabras diferentes, por ejemplo, para decir *amiga* dice *mija*.

2 Lee lo que escribe Roberto sobre sus compañeros de clase y completa la tabla.

Nadia es marroquí, de Rabat, la capital de Marruecos. No habla muy bien español, por eso, todas las tardes, va a clase de Español. En el recreo, toma unas galletas muy buenas que hace su madre. ¡Me encantan!

你好
Nǐ hǎo

Yao es chino, sus padres son de Pekín. Tienen un bazar en un barrio de Madrid. Yao sabe comer con palillos. Me gusta hablar con él y me enseña palabras en chino. Sé decir *Hola*, se dice *Ni hao*.

frijoles

galletas

nombre	país de origen	datos sobre este país

3 En tu opinión, ¿qué puede hacer Roberto para ayudar a estos compañeros a conocer mejor España?

4 Y en tu clase o instituto... ¿Hay chicos y chicas de otros países? ¿De dónde vienen? ¿Qué elementos te sorprenden?

ÁREA de Historia

Los viajes de Colón

1 Infórmate sobre cómo Colón y otros descubridores llegan a América.

Cristóbal Colón es un navegante italiano (genovés). Tiene una afición: la geografía y los mapas. Sabe que la Tierra es redonda y que puede llegar en barco a las Indias por el oeste (el Atlántico). Para pagar su viaje, pide ayuda a Fernando e Isabel, los Reyes Católicos de España. El 3 de agosto de 1492, sus tres carabelas, la Niña, la Pinta y la Santa María, empiezan su viaje, y el 12 de octubre llegan a América, a una isla de las Bahamas, dos días después llegan a las islas de Cuba y Santo Domingo. Colón no sabe que es un «nuevo mundo», cree que es una parte de las Indias. Vuelve a España y habla a los Reyes Católicos de las riquezas de las tierras de América (oro, piedras preciosas, animales…). Estos deciden pagar más viajes: en el primero Colón llega a la isla de San Salvador, en el segundo a Puerto Rico y Jamaica y en el tercero a la isla de Trinidad.

Después de Cristobal Colón, otros descubridores llegan a otras partes de América: Hernán Cortés descubre el imperio azteca (México) en 1519, Pedro de Alvarado, el imperio maya (Guatemala) en 1524, Francisco Pizarro, el imperio de los incas del Perú en 1527 y Pedro de Valdivia llega a Chile en 1540.

2 Completa este resumen con las palabras del texto.

El 3 de _____ de 1492 las tres _____ del navegante Cristóbal _____ salen de España para ir a las Indias por el _____. Dos meses más tarde, llegan a las _____. Colón descubre un nuevo mundo, pero cree que está en las _____. En total, hace cuatro _____. Luego, otros _____ llegan al resto de los actuales países de América.

3 Ordena cronológicamente el descubrimiento de estos 6 países.

- [ ] México
- [ ] Cuba
- [ ] Perú
- [ ] Puerto Rico
- [ ] Chile
- [ ] Guatemala

4 Relaciona.

1. *Cristóbal Colón* — f *un navegante*
2. Isabel y Fernando
3. La Niña
4. Cuba
5. Pizarro
6. Los incas

- a una carabela
- b un descubridor
- c los Reyes Católicos
- d un imperio
- e una isla
- f *un navegante*

5 Indica la palabra intrusa.

1. la Pinta, la Niña, la Santa Cristina
2. Alvarado, Fernando, Cortés
3. los aztecas, los católicos, los incas
4. Santo Domingo, Perú, Jamaica

MAGACÍN

ESPAÑA DE LA A A LA Z

¡Español? ¡Por supuesto!

▶ España es conocida en el mundo entero por diferentes aspectos como…

personajes de novelas (PN)   *personajes históricos (PH)*
moda (M)   *pintura (P)*   *geografía (G)*   *arquitectura (A)*   *baile (B)*   *poetas (Po)*   *gastronomía (Ga)*   *idioma (I)*
música (Mu)   *deportes (D)*
cine (C)   *objetos típicos (O)*   *fiestas (F)*

1 Antes de leer.

¿Entiendes todas las palabras de la nube? ¿Qué objetos, personas, etc., puedes relacionar con cada una?

2 Observa las fotos y lee los textos. Relaciona cada foto con una palabra de la nube.

		Información
O	El **A**banico	
	Javier **B**ardem	Actor español. Ganó un Óscar.
	El A**C**ueducto de Segovia	Monumento de la época romana (siglo II).
	Salvador **D**alí	Pintor y escultor del siglo XX.
	F**E**derico García Lorca	Poeta del siglo XX.
	Las **F**allas de Valencia	Fiesta popular. Se celebra en marzo.
	Pau **G**asol	
	La Al**H**ambra de Granada	Monumento de la época árabe.
	David B**I**sbal	
	El **J**amón serrano	Producto típico de España de origen animal.

1

2

3

4  5  6 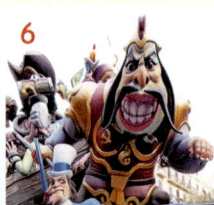 7  8  9

		Información
☐	El eus**K**era	2.ª lengua oficial en el País Vasco.
☐	El f**L**amenco	Baile típico de Andalucía.
☐	Los **M**olinos de viento	Construcciones típicas de la comunidad de Castilla-La Mancha.
☐	El turró**N**	Dulce típico de la Navidad.
☐	La e**Ñ**e	
☐	Cristóbal C**O**lón	
☐	La tortilla de **P**atatas	
☐	Don **Q**uijote de la Mancha	
☐	La cabalgata de los **R**eyes Magos	
☐	La **S**agrada Familia	Iglesia de Barcelona, de Antonio Gaudí.
☐	Las **T**apas	Pequeñas raciones de comida. Se toman en los bares.
☐	El M**U**seo del Prado	Pinacoteca situada en Madrid.
☐	**V**elázquez	Pintor del siglo XVII.
☐	Plaza Ma**y**or de Salamanca	Centro de la vida de la ciudad. Es del siglo XVIII.
☐	Ágatha Rui**Z** de la Prada	Diseñadora. Crea ropa muy original con estrellas, flores, soles, corazones, etc.

3 Hay ocho fotos sin información. Relaciona cada una con la información adecuada.

1. Personaje muy famoso de la literatura española.
2. Cantante español de pop.
3. Objeto muy útil en verano, cuando hace mucho calor.
4. Letra característica del alfabeto español.
5. Jugador de baloncesto.
6. Se celebra el 5 de enero. Por la noche, los Reyes Magos traen regalos a los niños.
7. Descubrió América en 1492.
8. Comida típica de España. Se hace con patatas y huevos.

PROYECTO cultural

▶ ¿Qué elementos de tu país son conocidos en el mundo entero?

2 ¿Cómo es tu ciudad?

Objetivos

1. **Hablar de la ciudad y del barrio**
2. **Quedar con un amigo**
3. **Indicar cómo ir a un lugar**

▶ LÉXICO
- ✓ La ciudad y las tiendas
- ✓ Los números ordinales

▶ COMUNICACIÓN
- ✓ Describes tu barrio
- ✓ Propones actividades
- ✓ Aceptas o rechazas una invitación
- ✓ Expresas obligación
- ✓ Indicas una dirección

▶ GRAMÁTICA
- *Tener que* + infinitivo
- Los verbos *querer* y *poder*
- El imperativo regular
- El imperativo del verbo *ir*

Vivir en sociedad
- En bici por la ciudad

ÁREA de Lengua
- La comunicación y las lenguas

MAGACÍN
- Descubres Madrid
- Proyecto cultural

Para empezar... ¡Prepárate!

LAS TIENDAS

1 Observa las fotos y escribe el nombre adecuado debajo de cada una.

1 frutería
2 librería
3 panadería

a ....

b ....

c ....

PROPONER ACTIVIDADES

2 Lee qué dice este chico.

Carlos, ¿vamos al ___ esta tarde a las 🕐 ?

EXPRESAR OBLIGACIÓN

3 Asocia cada frase con la foto adecuada.

1 Esta tarde no salgo, tengo que estudiar.
2 Tenemos que sacar al perro ahora.

 a

 b

¿El Museo del Prado, por favor?

Es muy fácil, ve todo recto.

INDICAR UNA DIRECCIÓN

4 Lee en voz alta.

veintitrés 23

Lección 4
¿Qué hay en el barrio?

Miguel descubre su nuevo barrio

1 el _ _ _ t _ r _ _ _ _

2 la f r u t _ _ _ _

3 el _ _ i o _ _

4 la _ _ s c _ _ _

5 la h e l a d _ _ _ _

6 la e _ _ _ c _ ó n de metro

7 la _ a r _ _ _ _ _

8 el _ _ _ q u _

9 el _ i _ e

El barrio y las tiendas

 CE. 1, 2 (pp. 10, 11)

1 Observa las fotos y escribe los nombres de los lugares que conoces.

 2 Completa las fotos que faltan con estos nombres. Escucha a Miguel y comprueba.

 AulaVirtual PISTA 8

estación ◆ farmacia ◆ frutería ◆ heladería
museo ◆ panadería ◆ supermercado
quiosco ◆ cine ◆ librería ◆ restaurante
parque ◆ piscina ◆ hospital

10 el __ per ___ ca __

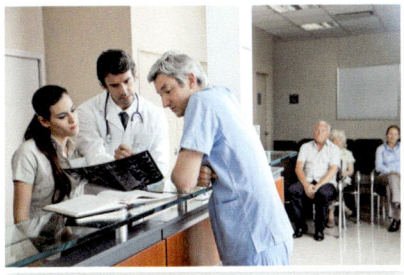
11 el __ s p _____

12 la l i b r ____

13 el m ___ o

14 la p a n _____

3 Pregunta a tu compañero como en el ejemplo. Toma nota de sus respuestas.

1 Comprar el *pan*. ▶ *¿Dónde vas para comprar el pan?*
   ▶ *Voy a la panadería.*
2 Montar en bici.
3 Comer *helad*os.
4 Comprar *frut*a.
5 Comprar *libr*os.

4 Clasifica el vocabulario en el lugar adecuado.

1	Ocio	*el cine...*
2	Alimentación	
3	Lectura	
4	Transporte	
5	Deporte	
6	Salud	

[**Ahora tú**]

Explica qué hay en tu calle.

 A2 B1 DELE

En mi calle hay una panadería, un quiosco y una farmacia.

Lección 5

¿Quieres venir con nosotros?

Miguel queda con Pedro

Pedro
¡Hola! Esta tarde voy al parque con Sara. Vamos a montar en bici. ¿Quieres venir con nosotros?

Miguel
¡Genial! ¿Cómo quedamos?

Pedro
¿En mi casa a las 5?

Miguel
Vale. ¿Y luego vamos a la heladería?

Pedro
Lo siento, luego no puedo, tengo que ir a casa de mis primos. Ceno con ellos. ¿Vamos el sábado?

Miguel
¡Estupendo!

Quién hace qué

1 Lee los mensajes de texto. Indica de quién se trata: Pedro (P), Miguel (M) o los dos (D).

1. Va(n) al parque.
2. No puede(n) ir a la heladería.
3. Va(n) a casa de sus primos.
4. Cena(n) con sus primos.
5. Va(n) a la heladería el sábado.

Proponer actividades

2 Completa la información con los verbos en rojo de los mensajes.

PROPONER ACTIVIDADES
▶ ¿_____ jugar al fútbol?
▶ ¿_____ al parque?

ACEPTAR LA INVITACIÓN
▶ ¡Vale! ¡Genial! ¡Estupendo!
▶ ¿Cómo _____ ?
▶ En mi casa a las 17:00.
▶ No, a las 14:30.

RECHAZAR LA INVITACIÓN
▶ Lo siento, no _____ .

EXPRESAR OBLIGACIÓN
▶ *Tener que* + infinitivo
▶ _____ terminar los deberes.

26 veintiséis

Los verbos *querer* y *poder*

3 Escribe frases, como en el modelo.

▸ ¿Quieres jugar al baloncesto?
▸ Lo siento, no puedo porque tengo que sacar al perro.

QUERER	PODER
quiero	puedo
quieres	puedes
quiere	puede
queremos	podemos
queréis	podéis
quieren	pueden

1 tú

2 vosotros

3 tú

4 vosotros

5 tú

Carlota llama a José

AulaVirtual
PISTA 9

4 Escucha la conversación y escribe las respuestas en tu cuaderno.

1 ¿Qué van a hacer el sábado Carlota y José?
2 ¿Quién es Rubén?
3 ¿A qué hora empieza el concierto?
4 ¿Por qué no va Carlota a patinar?
5 ¿Dónde quedan y a qué hora el sábado?

 *Pedir y dar una explicación:*
• *¿Por qué te gusta el baloncesto?*
• *Porque es un deporte en equipo.*

A2 B1 DELE

[Ahora tú]

Propón actividades a tu compañero. Él contesta *sí* o *no* y usa estas frases.

▸ ¿Quieres montar en bici conmigo*?...

1 montar en bici contigo*
2 ir a comprar ropa
3 jugar a los videojuegos

*con + mí → conmigo
con + ti → contigo

▸ Vale. ¿Invitamos a Marta?
▸ Estupendo, es mi deporte favorito.
▸ ¡Genial! Quedamos allí a las 15:00.

▸ No puedo, tengo que salir con mi madre.
▸ Lo siento, tengo que ir a casa de mis abuelos.
▸ No, tengo que hacer los deberes.

Lección 6

¡Gira a la derecha!

Miguel quiere saber cómo ir a casa de Pedro

1 Lee y completa la conversación con estas palabras.

- derecha
- izquierda
- calle
- recto
- dirección
- plaza

Hugo	Tengo que ir a casa de Pedro, pero no sé cómo. Mira el camino en tu tableta, por favor.
Adriana	¿Dónde vive?
Hugo	Espera… Tengo la _____ en el móvil… Vive en la plaza del Dos de Mayo, 3. En el piso quinto (5.º).
Adriana	Vale… Pla… za Dos… de… Ma… yo, 3. ¡Ya está! A ver, estamos en la _____ San Lorenzo. ¡Es muy fácil! Ve todo _____ hasta la calle San Mateo y gira a la _____. Ve recto hasta la calle Fuencarral. Cruza la calle. Ve a la _____. Luego, gira la tercera a la izquierda, por la calle Velarde, y ve recto hasta la _____ del Dos de Mayo.
Hugo	Gracias.

2 Ahora, escucha y comprueba.

AulaVirtual PISTA 10

Indicar un camino

3 Observa el camino en la tableta y completa con los verbos del mensaje.

1. _____ a la derecha.
2. _____ a la izquierda.
3. _____ todo recto.
4. _____ la calle.

Abreviaturas:
calle = C/; plaza = plza.; avenida = avda.

28 veintiocho

El imperativo

 CE. 6, 7 (pp. 12, 13)

4 Observa cómo se forma el imperativo y completa con la forma adecuada de los verbos *girar* y *cruzar*.

VERBOS REGULARES

	MIRAR	LEER	SUBIR	IR
tú	mira	lee	sube	ve
Ud.	mire	lea	suba	vaya
vosotros/as	mirad	leed	subid	id
Uds.	miren	lean	suban	vayan

Girar y *cruzar* son regulares.

1 Girar: (tú) _____ (Ud.) _____ (vosotros/as) _____ (Uds.) _____
2 Cruzar: (tú) _____ (Ud.) _____ (vosotros/as) _____ (Uds.) _____

cruzar → z → c

Sigue las instrucciones

 CE. 8 (p. 13)

AulaVirtual
PISTA 11

5 Estás en el cine. Escucha y sigue el camino en el plano. ¿Dónde estás ahora?

1.ª primera
2.ª segunda
3.ª tercera

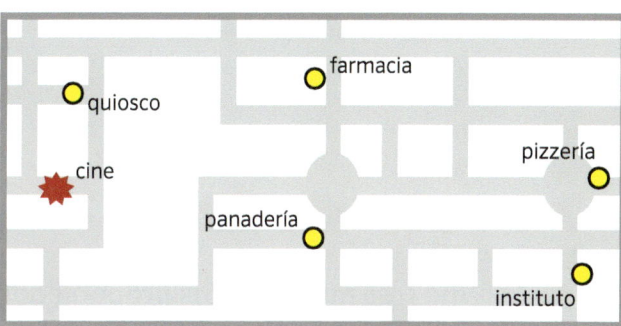

Los números ordinales

 CE. 9 (p. 13)

6 Pedro tiene amigos en todos los pisos de su bloque. ¿Dónde vive cada amigo?
(Observa las pistas: *octavo → ocho*).

décimo   noveno
tercer   sexto
cuarto   octavo

10.º el _____ piso
9.º el _____ piso
8.º el _____ piso
7.º el séptimo piso
6.º el _____ piso
5.º el quinto piso
4.º el _____ piso
3.º el _____ piso
2.º el segundo piso
1.er el primer* piso

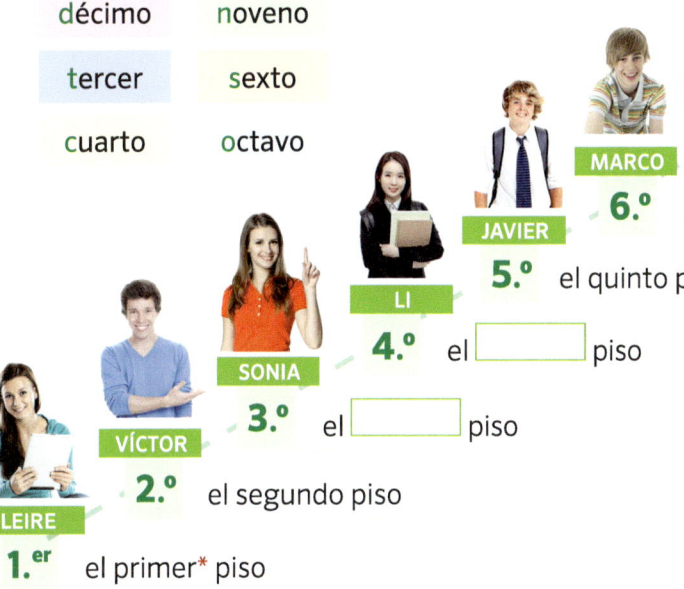

DELE A2/B1

[Ahora tú]

Elige un lugar en el plano del ejercicio 1 y explica el camino hasta la **plaza del Dos de Mayo**.

▶ Tus compañeros siguen el camino en el plano.

* *primero* y *tercero* + nombre = *primer, tercer*.
Vivo en el primer piso.

Repasas la gramática

Escribe las respuestas en tu cuaderno

Los verbos *querer* y *poder*

1 Escribe las formas que faltan.

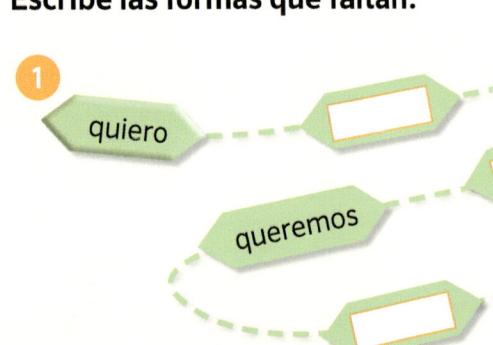
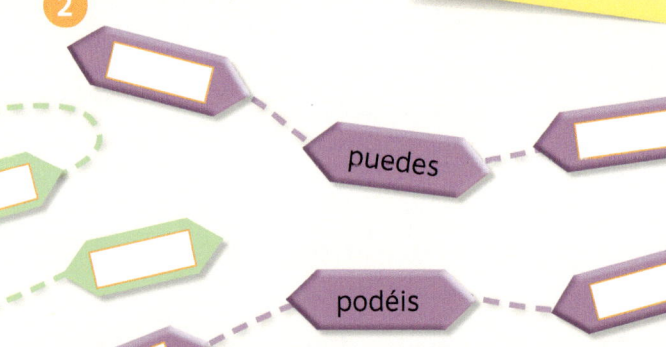

Tener que + infinitivo

2 Escribe tres minidiálogos proponiendo actividades a un amigo, como en el modelo. Él **acepta** (●) o **rechaza** (●) y da una explicación.

Proponer

¿Vamos a…? ¿Quieres…?

Aceptar

Vale, ¡genial! ¿Quedamos ■ a las ■?

→ Indica el lugar   → Di la hora

Rechazar

Lo siento, no puedo. Tengo que ■.

→ Explicación

Propuesta: ¿Vamos a patinar esta tarde?
● Lo siento, no puedo, tengo que hacer los deberes.

Propuesta: ....
● ....

Propuesta: ....
● ....

Propuesta: ....
● ....

El imperativo

3 Completa con el verbo adecuado en imperativo.

> ir   escribir   saludar   subir   abrir   cruzar   contestar

(vosotros) **1** _____ un mensaje a Rosa antes de ir a su casa y **2** _____ a Sara de mi parte.

(tú) **3** _____ a la biblioteca antes de las 17:30, porque luego está cerrada.

(tú) **4** _____ al correo de Hugo, por favor. Yo no puedo ahora.

Es Hugo, (tú) **5** _____ la puerta, por favor.

Vivo en el 8.º, así que (vosotros) **6** _____ en el ascensor.

(vosotros) **7** _____ la calle con atención.

Los números ordinales

4 Completa con los números ordinales en femenino o masculino.

1. • Vivo en el (1) _____ piso. ¿Y tú?
   ▸ Yo vivo en el (9) _____ piso.
2. • ¿Dónde está el aula de Inglés, por favor?
   ▸ Es la (4) _____ puerta a la derecha.
3. • ¿Dónde está el diccionario de español?
   ▸ Es el (5) _____ libro a la derecha en la (2) _____ estantería.
4. Para ir a mi instituto tienes que girar la (7) _____ calle a la izquierda.
5. • Mira, fotos de mis amigas este verano en la playa.
   ▸ ¿Quién es la (3) _____ chica de la izquierda?

Vivir en sociedad

En bici por la ciudad

Las bicicletas tienen los mismos derechos y obligaciones que los coches, las motos y los autobuses.

1 Lee estas frases y di si está prohibido (PR) o permitido (PE) o si es obligatorio (O).

1. Llevar un casco.
2. Llevar un perro en una cesta.
3. Circular por las calles de la ciudad.
4. Levantar un brazo para girar.
5. Por la noche, utilizar luces.
6. Escuchar música.
7. Llevar una mochila.
8. Hablar por el móvil.
9. Respetar los semáforos.
10. Circular por el carril bici.

2 Ahora, según la información del ejercicio anterior, forma frases con *puedo*, *no puedo*, *tengo que* + infinitivo, como en el modelo.

▸ *En bicicleta, tengo que llevar un casco.*

3 ¿Conoces las señales de tráfico? Asocia las señales y su significado. Pero una no existe, ¿cuál es?

1 Tengo que girar a la derecha.

2 No puedo girar a la izquierda.

3 Hay un hospital cerca.

4 Tengo que usar el carril bici.

5 No puedo beber refrescos en bicicleta.

6 No puedo circular en bici por esta calle.

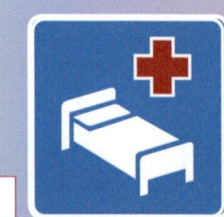

ÁREA de Lengua

La comunicación y las lenguas

La comunicación es un acto utilizado por el hombre (y también los animales) con otro hombre (o animal) para intercambiar una información. Existen diferentes formas de comunicación.

1 Relaciona cada foto con la forma de comunicación adecuada.

1. Comunicación verbal ☐
2. Comunicación visual ☐
3. Gestos ☐
4. Textos ☐
5. Sonidos ☐

2 Da tú otro ejemplo más de cada forma de comunicación.

3 Indica cómo se comunican estas personas. Hay varias opciones.

1. Una persona sorda.
2. Un pintor.
3. Un escritor.
4. El árbitro de un equipo de fútbol.
5. Un profesor en el aula.
6. Un guitarrista.

4 Haz gestos para representar una palabra. Tus compañeros adivinan qué quieres decir.

Las lenguas de España

5 Infórmate sobre las lenguas de España.

El lenguaje oral es la forma de comunicación más utilizada por el hombre para expresar sus ideas y sentimientos. Está formado por sonidos, palabras y reglas gramaticales y son diferentes según los países, porque cada uno tiene su lengua: español, inglés, portugués, francés, alemán, chino, árabe, italiano…

En España se habla español (es la lengua oficial), pero también catalán (en Cataluña), vasco o euskera (en el País Vasco) y gallego (en Galicia).

AulaVirtual PISTA 12

6 Escucha cómo se dicen estas palabras en los 4 idiomas de España.

español	vasco
Buenos días.	Egun on.
Adiós.	Agur.
Muchas gracias.	Eskerrik asko.

calatán	gallego
Bon dia.	Bos días.
Adéu.	Adeus.
Moltes gràcies.	Moitas gracias.

MAGACÍN

¿Español? ¡Por supuesto!

Plaza Mayor

1 ¿Qué sabes sobre Madrid? Infórmate sobre la capital de España.

Madrid es la capital de España desde 1562 y está en el centro de la península ibérica y a una altura de 667 metros sobre el nivel del mar. Tiene una población de más de 3 millones de habitantes (los madrileños y las madrileñas). Es una de las ciudades más pobladas de la Unión Europea. En verano hace mucho calor (más o menos 40 °C), sus inviernos son fríos y no llueve mucho.

Es una ciudad cosmopolita y hay muchos estudiantes extranjeros en sus universidades.

La calle principal es la Gran Vía. Es una calle con muchas tiendas, teatros, cines, restaurantes y terrazas. Los fines de semana, Madrid tiene una vida nocturna muy intensa.

El deporte, sobre todo el fútbol, es muy importante en Madrid. Hay dos equipos importantes: el Real Madrid (su estadio se llama Santiago Bernabéu, sus fans celebran cada victoria en la plaza de Cibeles) y el Atlético de Madrid (sus fans celebran sus victorias en la plaza de Neptuno).

En Madrid puedes ver muchos monumentos, museos (el Museo del Prado es uno de los más grandes del mundo), y parques (el Retiro, en el centro de la ciudad, y la Casa de Campo). Madrid tiene un río, se llama Manzanares.

2 Localiza en el texto la siguiente información.

1. El clima.
2. El número de habitantes.
3. La calle más comercial y animada.
4. La situación geográfica.
5. Las atracciones culturales.
6. La principal actividad deportiva.
7. Los lugares de ocio.

COSAS «GUAYS» QUE HACER EN MADRID

3 Estás de vacaciones en Madrid. Observa las fotos y di adónde puedes ir para…

1. Ver y conocer animales.
2. Ver a Rafa Nadal, Marc Márquez, Superman, Cleopatra.
3. Ver animales, esqueletos de dinosaurios, plantas de todos los continentes…
4. Patinar, pasear…
5. Tomar un delicioso chocolate con churros.
6. Experimentar sensaciones fuertes.
7. Admirar las estrellas y los planetas del sistema solar.
8. Ver obras de arte.

a — Museo de Ciencias Naturales

b — Museo del Prado

c — Parque del Retiro

d — Museo de Cera

e — Parque de atracciones

f — El zoo

g — Chocolatería

h — El Planetario

PROYECTO cultural

▶ Con tu compañero, presenta la capital de tu país.

- Situación geográfica.
- Población.
- 3 monumentos importantes.
- 2 museos y 2 parques.
- 3 lugares para divertirse.

treinta y cinco **35**

¿Qué me pongo?

Objetivos

1. **Decir qué ropa llevas**
2. **Explicar qué estás haciendo**
3. **Hablar del tiempo**

▶ LÉXICO
- La ropa y el calzado
- El tiempo atmosférico

▶ COMUNICACIÓN
- Describes qué ropa llevas
- Hablas de acciones en curso
- Dices qué tiempo hace

▶ GRAMÁTICA
- *Estar* + gerundio
  - con verbos pronominales
  - con pronombres de OD: *me*, *te*, *lo*/*la*, *nos*, *os*, *los*/*las*

Vivir en sociedad
- Los jóvenes y la moda

Educación Plástica y Visual

- El significado de los colores

MAGACÍN
- Ropa tradicional en Hispanoamérica
- Proyecto cultural

LA ROPA

1 Relaciona cada frase con la prenda adecuada.

1. Es para los pies.
2. Es para la cabeza.
3. Es para las piernas.

a los zapatos ☐   **b** los vaqueros ☐   **c** el gorro ☐

ESTAR + GERUNDIO

2 Indica el infinitivo correspondiente a esta forma verbal.

☐

Estoy buscando un vestido.

¿QUÉ TIEMPO HACE?

3 Observa y di qué tiempo hace en estas ciudades.

▶ Hace sol.   ▶ Está nublado.   ▶ Llueve.

treinta y siete 37

Lección 7
¿Qué ropa te gusta?

Rebeca y su amiga eligen ropa para la fiesta de fin de curso

vainilla.com

REGISTRO / MI CUENTA   mi cesta

MUJER | HOMBRE | NIÑOS | ACCESORIOS | OFERTAS

Ropa

1. la _____
2. el _____
3. el pantalón
4. los _____
5. el short
6. la camiseta
7. la _____
8. la _____
9. el top
10. la sudadera
11. el jersey
12. el _____
13. la _____
14. el bikini

Calzado

15. los _____
16. las deportivas
17. las _____
18. las sandalias
19. las chanclas

Complementos para...

... LOS PIES

▶ los calcetines

... LAS MANOS

▶ los guantes

... EL CUELLO

▶ la bufanda

▶ el pañuelo

... LA CABEZA

▶ la gorra

▶ el gorro

Estampados

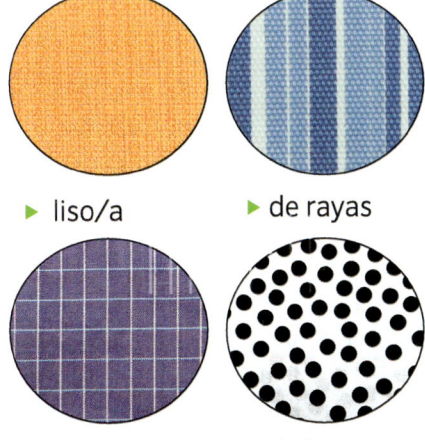

▶ liso/a   ▶ de rayas

▶ de cuadros   ▶ de lunares

La ropa y el calzado   CE. 1, 2 (pp. 14, 15)

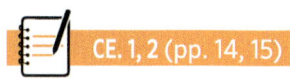
AulaVirtual
PISTA 13

1 Escucha a Rebeca y a su amiga y escribe debajo de cada foto la palabra que falta.

2 Elige un diseño y descríbelo, como en el modelo. Tu compañero dice el número.

Lleva una gorra, una camiseta de rayas y una falda...

① ② ✓ ③ ④ ⑤

3 Elige una situación y contesta como en el ejemplo. ¿Qué llevas?

> Es primavera. Vas a visitar a tus tíos. Viven en una ciudad grande.

Llevo mis vaqueros preferidos, dos camisetas...

> Es Navidad. Vas a casa de tus abuelos. Viven en un pueblo pequeño.

> Es verano. Vas de vacaciones a la playa.

DELE A2 B1

[Ahora tú]

Describe qué ropa te gusta llevar.

Lección 8
¿Qué están haciendo?

Rebeca y sus compañeros están preparando una obra de teatro

1 Escucha y escribe el número en la foto correspondiente.

Estar + gerundio  CE. 3 (p. 15)

2 Lee estas frases de la conversación anterior y completa la información con los gerundios adecuados.

1 Rebeca está eligiendo un vestido.
2 Fernando está hablando con Paula.
3 Carolina y Marcos están leyendo el texto de la obra.
4 Antonio se está poniendo un sombrero.
5 Todos se están divirtiendo en la foto.

 *Usamos estar + gerundio para hablar de acciones realizadas en este momento.*

ESTAR (en presente)
estoy
estás
está
estamos
estáis
están

GERUNDIO	
verbos en –ar	→ -ando
hablar	→
verbos en –er	→ -iendo
poner	→
verbos en –ir	→ -iendo
abrir	→ abriendo

GERUNDIOS IRREGULARES	
leer →	
vestir(se) →	vistiendo
decir →	diciendo
divertir(se) →	
elegir →	
dormir →	durmiendo

40 cuarenta

Están... CE. 4 (p. 16)

3 Relaciona cada frase con su foto y completa con *estar* + **gerundio**.

1. La profesora ••• ••• el examen.
2. (Tú) ••• ••• un libro en tu habitación.
3. (Yo) ••• ••• un bocadillo.
4. Sara y Carlos ••• ••• en bici.
5. (Vosotros) ••• ••• al fútbol.
6. (Nosotros) ••• ••• una poesía.

a corregir   b montar   c escribir

d comer   e leer   f jugar

Estar + gerundio con verbos pronominales CE. 5 (p. 16)

4 Observa y completa con ejemplos del ejercicio 2.

Los pronombres me, te, se, nos, os, se pueden ir:	
Antes de estar	*Me estoy duchando.* ••• ••• ••• •••
Después del gerundio	*Estoy duchándome*.* *Él está poniéndose* un sombrero.* *Ellos están vistiéndose*.*

* *La a o la e del gerundio lleva una tilde (´).*

5 Ahora, escribe las formas en tu cuaderno, como en el modelo.

Pronombres antes de estar

1. Nosotros, divertirse.
   Nos estamos divirtiendo.
2. Yo, levantarse.
3. Ellas, acostarse.

Pronombres después del gerundio

4. Tú, ducharse.
5. Vosotras, bañarse.
6. Ella, vestirse.

6 Lee una frase del ejercicio 5. Tu compañero cambia la posición del **pronombre**, lee la frase y levanta la mano con la **sílaba fuerte**.

▶ *Nos estamos divirtiendo.* → *Estamos divirtiéndonos.*

[Ahora tú]

Piensa en un amigo, un familiar, tu mascota...
¿Qué están haciendo ahora?

▶ Mi padre está trabajando.
  Sonia está haciendo un examen de Inglés.

Lección 9
La tarta, la quieren de nata

Rebeca y sus amigos tienen planes

1 Escucha y lee la conversación.

AulaVirtual
PISTA 15

Fernando ¿Vamos a patinar esta tarde? Hoy hace sol.

Rebeca ¡Qué buena idea! Carolina, ¿nos acompañas?

Carolina Lo siento, no puedo. Tengo que volver a casa. Mi madre me espera. El domingo es el cumpleaños de mis abuelos, tenemos que comprar la tarta y los regalos.

Rebeca ¿Ya sabes qué tarta y qué regalos vais a comprar?

Carolina Sí. La tarta, la quieren de nata, así que es fácil, y los regalos... no sabemos..., pero los tenemos que comprar hoy, mañana no podemos.

Fernando ¡Qué difícil!

Carolina Sí, es verdad. Bueno, esta noche os llamo y hablamos.

Rebeca ¡Vale!

2 Contesta a estas preguntas.

1. ¿Qué tiempo hace?
2. ¿Qué quieren hacer por la tarde?
3. ¿Quién no puede ir a patinar?
4. ¿Qué tiene que comprar Carolina?

Los pronombres de objeto directo  CE. 6 (p. 16)

3 Localiza los pronombres de OD de la conversación anterior y completa.

Singular	
Mi madre espera (a mí).	☐ espera.
Espero (a ti).	Te espero.
Leemos el libro.	Lo leemos.
Quieren la tarta de nata.	☐ quieren de nata.

Plural	
Acompañas (a nosotros).	☐ acompañas.
Esta noche llamo (a vosotros).	☐ llamo.
Tenemos que comprar los regalos hoy.	☐ tenemos que comprar hoy.
Leemos las revistas.	Las leemos.

4 Transforma las frases, como en el modelo. Usa un pronombre de OD.

1. Ayudo — a ti / a Paula / a vosotros → *te ayudo / la ayudo / os ayudo*
2. Invitas — a mí / a tus primos / a nosotros
3. Leemos — el libro / los mensajes / las revistas
4. Veis — la tele / a Mario / los libros
5. Espero — a vosotros / a ti / a Enrique
6. Escuchan — a mí / al profesor / las canciones

5 Lee una pregunta. Tu compañero contesta con uno de estos pronombres de OD, como en el modelo.

1. ¿Abres la ventana? → *Sí, la abro.*
2. Por favor, ¿me ayudas con el ejercicio de Inglés?
3. ¿Invitas a tus amigas a tu cumpleaños?
4. ¿El profesor corrige los exámenes?
5. ¿Te espero delante de mi casa?
6. ¿Nos invitas a la obra de teatro?
7. ¿La profesora os espera en el aula?
8. ¿Escribes un mensaje ahora?

¿Qué tiempo hace?

 CE. 7, 8 (p. 17)

6 Imagina que estamos en... (elige una opción) ☐ ☐ ☐ ☐ y di qué tiempo hace.

a otoño   b invierno   c primavera   d verano

▸ Está lloviendo.   ▸ Hace (mucho) frío.   ▸ Hace (mucho) calor.
▸ Hace sol.   ▸ Hace viento.   ▸ Está nevando.

[Ahora tú]

Elige un país. Busca un mapa del tiempo en Internet o en una revista y explica qué tiempo hace allí.

cuarenta y tres **43**

Repasas la gramática

Escribe las respuestas en tu cuaderno

El gerundio

1 Forma el gerundio de estos verbos.

- hablar ☐
- pasear ☐
- escuchar ☐
- hacer ☐
- cantar ☐
- decir ☐
- leer ☐
- ver ☐
- volver ☐
- estudiar ☐
- describir ☐
- corregir ☐

Estar + gerundio

2 Observa las fotos y escribe la frase adecuada, como en el modelo.

1 (vosotros) *Estáis jugando al baloncesto.*
2 (tú) ....
3 (ella) ....
4 (yo) ....
5 (nosotros) ....
6 (ellos) ....

3 Completa con los pronombres reflexivos. Luego, cambia la posición de los pronombres y termina las frases.

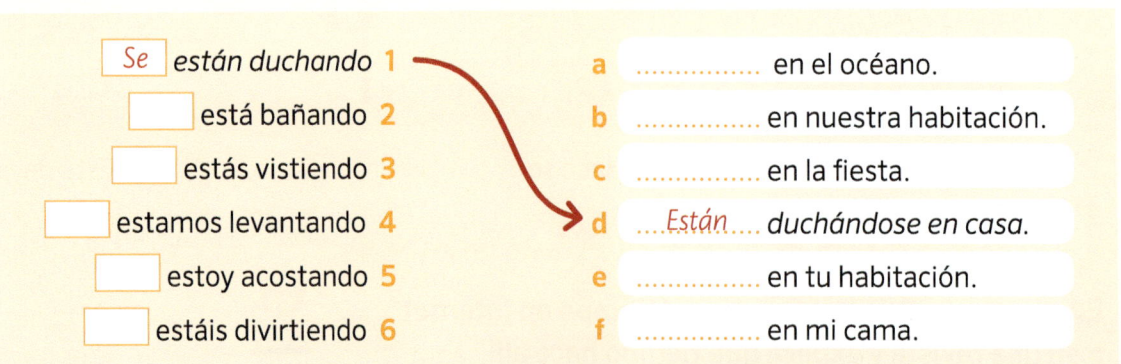

Se están duchando **1**	a	.... en el océano.
☐ está bañando **2**	b	.... en nuestra habitación.
☐ estás vistiendo **3**	c	.... en la fiesta.
☐ estamos levantando **4**	d	*Están* duchándose en casa.
☐ estoy acostando **5**	e	.... en tu habitación.
☐ estáis divirtiendo **6**	f	.... en mi cama.

Los pronombres de objeto directo

4 Explica qué pasa en estas situaciones. Usa un pronombre de OD, como en el modelo.

1. *Hoy es tu cumpleaños y el regalo de tu amigo Rubén es un CD de tu grupo favorito.* [e] *Lo escucho.*
2. Estás haciendo los deberes con un compañero, pero no entiendes un ejercicio. ¿Qué hace tu compañero? ☐
3. Tu madre está preparando la cena, pero no tiene pan. ☐
4. Hoy tienes muchos deberes, pero quieres ir a casa de un amigo. ☐
5. Estás en casa, son las 17:00 y estás comiendo galletas. Llegan dos amigas. ☐

- **a** ayudar a mí con el ejercicio
- **c** invitar a mis amigas a comer galletas
- **e** escuchar el CD ✓
- **b** ir a la panadería y comprar el pan
- **d** hacer los deberes antes de ir a su casa

5 Transforma las frases, como en el modelo.

1. *Mi padre también lo ayuda.*
2. Sara espera a Rebeca en el patio. → Matilde
3. Saludo a mis compañeras. → yo
4. Julio llama a sus amigos. → tú
5. Compramos los helados. → nosotros
6. Invitas a Lola y a Selena. → Carlos
7. Veo la tele.

1. Ayudo a mi hermano con los deberes. ✓ → mi padre

6 Observa las fotos y relaciona cada una con la frase adecuada. Después, completa con un pronombre de OD.

1. ¿___ enseño las fotos de la fiesta? ☐
2. Este CD es genial, ¿___ escuchamos? ☐
3. Hace calor, ¿___ abro? ☐
4. ▶ ¿Cuándo hacéis los deberes?
   ◀ ___ hacemos después de clase. ☐
5. No sé hacer el ejercicio, ¿___ ayudas? ☐
6. ▶ ¿Dónde compra tu madre estas galletas?
   ◀ ___ compra en el supermercado. ☐
7. Adiós, Javier, mañana ___ llamo. ☐

Vivir en sociedad

Los jóvenes hablan de la ropa

1 Lee las opiniones de estos adolescentes e indica a quién corresponde cada una.

 a

 b

c

☐ Para mí, la ropa es muy importante porque muestra mi personalidad. Me encanta el rap, y siempre llevo camisetas muy largas con pantalones anchos, deportivas y una gorra.
— Lucas

☐ A mi madre no le gusta mi ropa. Dice que llevo los pantalones rotos y las camisetas muy cortas. Pero es mi ropa favorita y a mí me encanta. Todas las mañanas, cuando ve cómo voy vestida para ir al instituto, me regaña y tengo que cambiarme.
— Victoria

 d

☐ A mi hermana y a mí nos gusta mucho la ropa de colores. Nos encantan las flores. Siempre llevamos pañuelos, collares, gorras… No nos gusta la misma ropa que a las otras chicas del instituto.
— Silvia

☐ Mi cantante favorita es Shakira y me encanta su ropa. Me gusta vestirme como ella y también cantar y bailar.
— Elena

2 En tu opinión, contesta verdadero (V) o falso (F) y explica por qué.

Los adolescentes…

☐ … piensan que si visten como sus ídolos van a tener la misma vida que ellos.

☐ … quieren tener un estilo único y ser diferentes.

☐ … utilizan la ropa como un medio de expresión. Con ella, muestran su forma de pensar y sus aficiones.

☐ … creen que la ropa les permite ser diferentes de los adultos. Esto, a menudo, provoca discusiones con los padres.

☐ … se identifican con un grupo según su ropa. Es muy importante ser aceptado por los amigos.

☐ … dan mucha importancia a las marcas.

e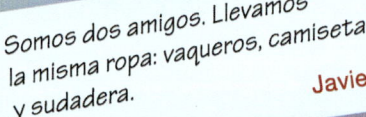

☐ Somos dos amigos. Llevamos la misma ropa: vaqueros, camiseta y sudadera.
— Javier

3 Ahora, contesta a estas preguntas.

- ¿Cuánta ropa te has comprado este año? ¿Cuántas veces te la has puesto?
- ¿Cómo te sientes cuando llevas tu ropa favorita? ¿Contento? ¿Seguro? ¿Elegante? ¿Piensas que puedes hacer más amigos?
- ¿Crees que para cada edad existe una forma de vestir?

4 ¿Estás de acuerdo con esta frase?

La personalidad no está en la ropa, está en la forma de pensar.

ÁREA de Educación Plástica y Visual

El significado de los colores

1 ¿Recuerdas los nombres de los colores? Escríbelos.
¿Sabes qué significan? Infórmate.

Según estudios científicos, los colores tienen efectos sobre nuestras emociones y reacciones. Cada color tiene un significado particular.

1. SIMPATÍA
SERIEDAD
CONFIANZA

2. PASIÓN
DINAMISMO
ENERGÍA

3. MAGIA
CREATIVIDAD
IMAGINACIÓN

4. ESPERANZA
VIDA
SALUD

5. PODER
ELEGANCIA
MISTERIO

6. INOCENCIA
PUREZA
EFECTOS POSITIVOS

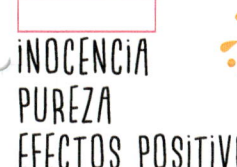
7. AMISTAD
ALEGRÍA
FUERZA

8. AMABILIDAD
OPTIMISMO
TRANQUILIDAD

2 ¿De qué color te puedes vestir en estas situaciones? Justifica tu respuesta.

- Visitas a un amigo enfermo.
- Pides algo a tus padres.
- Vas a un examen.
- Vas a una fiesta.

9. DELICADEZA
INOCENCIA

10. SEGURIDAD
ESTABILIDAD

11. ABURRIMIENTO
MELANCOLÍA

3 Ahora, lee este romance de García Lorca.
¿Qué elementos son verdes?

Romance sonámbulo

Verde que te quiero verde.
Verde viento. Verdes ramas.
El barco sobre la mar
y el caballo en la montaña.
Con la sombra en la cintura
ella sueña en su baranda,
verde carne, pelo verde,
con ojos de fría plata.
Verde que te quiero verde.

Federico García Lorca

4 Elige un color y escribe un poema como el de Lorca.

cuarenta y siete **47**

MAGACÍN

¡Español? ¡Por supuesto!

Ropa tradicional en Hispanoamérica

1 Aprende este vocabulario.

- el pliegue
- la manga
- la trenza
- el bombín
- el chal
- los flecos

2 ¿Crees que en Hispanoamérica la ropa tradicional es la misma en todos los países?

3 Observa las fotos de estas personas con ropa tradicional de su país. ¿Sabes de dónde son?

4. Lee los textos. ¿A qué foto del ejercicio anterior corresponde cada descripción?

A2 B1 DELE

En Hispanoamérica como en todos los países del mundo, la ropa tradicional es un elemento característico de la cultura. Cada país tiene su vestimenta típica y única en función de su geografía, su clima, sus tradiciones, sus grupos étnicos, su historia…

ARGENTINA: el traje del gaucho consiste en un pantalón negro, una camisa blanca, una chaqueta, un sombrero, botas y pañuelo al cuello.

MÉXICO: el traje típico de los hombres mexicanos consiste en un poncho de muchos colores con flecos y un sombrero muy grande para protegerse del sol.

BOLIVIA: el traje de las mujeres de los Andes bolivianos se llama chola. Consiste en una falda larga y con grandes pliegues, un chal, un bombín. Su cabello es largo y lo recogen en trenzas.

CUBA: en Cuba, el clima es muy cálido, por eso la ropa cubana es ligera y de colores claros. Las mujeres llevan un vestido largo y amplio con mangas muy anchas decoradas. Se usa en las fiestas y celebraciones y para bailar la rumba.

5. Observa ahora este traje típico peruano y escribe una breve descripción.

PERÚ:

PROYECTO cultural

▸ Busca en Internet o en una revista un traje típico de un país hispano.

▸ Lleva una foto a clase y descríbelo.

4 ¿Te gusta la naturaleza?

Objetivos

1. **Hablar de la naturaleza**
2. **Contar actividades pasadas**
3. **Indicar qué hay que hacer**

▶ LÉXICO
- ✓ La naturaleza y el paisaje
- ✓ El equipo de senderismo

▶ COMUNICACIÓN
- ✓ Hablas de la naturaleza
- ✓ Cuentas actividades pasadas
- ✓ Dices de quién es un objeto
- ✓ Expresas obligación

▶ GRAMÁTICA
- El pretérito perfecto simple: verbos regulares e irregulares
- Los pronombres posesivos: *mío/a/s, tuyo/a/s, suyo/a/s, nuestro/a/s, vuestro/a/s, suyo/a/s*
- *Hay que* + infinitivo

Vivir en sociedad
- En un parque natural

ÁREA de Geografía
- Representaciones de la Tierra

MAGACÍN
- Hispanoamérica: diversidad de paisajes
- Proyecto cultural

Para empezar... ¡Prepárate!

LA NATURALEZA

1 Relaciona cada frase con una foto.

1. Van por un camino.
2. Se están bañando en un lago.
3. Detrás del pueblo hay una montaña.
4. Las nubes están en el cielo.

a

b

c

d

EQUIPO DE SENDERISMO

2 ¿Para qué sirve cada objeto?
Relaciona cada uno con la frase correspondiente.

1. Para protegerse del sol.
2. Para llevar el material y la comida.
3. Para observar a los animales.

 a

 b

 c

EL PRETÉRITO PERFECTO SIMPLE

3 Estas son las actividades de Pablo el sábado pasado. Completa con estos verbos.

nadamos   comimos   hicimos

El sábado mis amigos y yo…

1. _____ a las 14:30 junto a un lago.
2. _____ una excursión al bosque.
3. Por la tarde _____ en el lago.

LOS PRONOMBRES POSESIVOS

4 Observa y elige el pronombre posesivo adecuado.

Estas bot**as** son míos / mías.

Lección 10
Vamos de excursión

Pablo cuenta su experiencia

¿Qué estás haciendo, Pablo?

el cielo

Estoy viendo fotos de la excursión del sábado pasado con el profesor de Ciencias de la Naturaleza.

Mira. Llegamos a este pequeño pueblo ☐. El pueblo está en un valle ☐. Aquí empezó la excursión.

la nube

el sol

A la salida del pueblo vimos caballos ☐ y vacas ☐ bebiendo en el río.

las hojas

las flores

En esta foto están Raquel y Daniela. Están caminando junto al río ☐.

52 cincuenta y dos

La naturaleza

1 Lee y relaciona cada palabra en rojo con el número adecuado. Luego, escucha y comprueba.

1 *el pueblo*

2 Clasifica las palabras anteriores.

Flora	Fauna	Elementos geográficos	Elementos construidos por el hombre	Otros

3 Lee una frase. Tu compañero adivina qué es.

1 Están bebiendo en el río.
2 Es amarillo y está en el cielo.
3 Son de colores y hay muchas en primavera.
4 Es un elemento del árbol.
5 Son blancas y están en el cielo.
6 Allí está el pueblo.

Estos son Carlos, Rebeca y María. Están en un *bosque* ☐ muy bonito. Van por un *camino* ☐ con *árboles* ☐ muy altos.

El equipo de senderismo

4 Lee las frases e indica a qué imagen corresponde cada letra.

1 El móvil (a) está delante de la mochila (b).
2 El protector solar (c) está en la mochila.
3 La gorra (d) está sobre la mochila.
4 La linterna (e) está entre la botella (f) y las botas (g).
5 Los prismáticos (h) están a la izquierda de la botella.
6 Los bastones (i) están al junto a la mochila.

Aquí están Raúl y Clara jugando en el *lago* ☐. Al fondo hay unas *montañas* ☐ muy altas.

[Ahora tú]

Vas de excursión. Di qué objetos llevas.

Voy a ir al campo y voy a llevar...

A2 B1 DELE

cincuenta y tres **53**

Lección 11 — El programa de la excursión

Pablo escribe en el blog de clase sobre la excursión

1 Lee la experiencia de Pablo y completa el programa con la información del blog.

CIENCIAS DE LA NATURALEZA
Blog de clase

El sábado pasado mis compañeros y yo hicimos una excursión al campo con nuestro profesor de Ciencias de la Naturaleza. Llegamos al pueblo donde empieza la excursión a las 9:30. Allí, en el centro de interpretación, vimos un vídeo de presentación de la zona: el lago, el bosque, el río y el pueblo. Después, fuimos al bosque e hicimos un itinerario ecológico. Utilizamos el navegador para seguir el camino. El profesor nos enseñó a identificar los animales con los prismáticos y las plantas. Hicimos muchas fotos. Luego, llegamos a la orilla del río y el profesor nos explicó el ciclo del agua. A las 14:00 comimos al lado de un lago y por la tarde nadamos allí. Luego, merendamos y pusimos en común todas nuestras observaciones de la mañana. Volvimos a las 19:30 y llegamos a casa a las 21:30.

PROGRAMA

☐	Llegada al pueblo y ☐ de presentación de la zona.
10:00	Actividades en el ☐ : itinerario ecológico con ☐ ; observación con prismáticos e identificación de ☐ y ☐ .
☐	Comida y tiempo libre en el ☐ .
16:30	☐ y puesta en común de las observaciones en el bosque.
☐	Llegada a casa.

2 Observa los verbos marcados en el blog y deduce los infinitivos.

1. hicimos — *hacer*
2. llegamos ☐
3. vimos ☐
4. fuimos ☐
5. utilizamos ☐
6. enseñó ☐
7. explicó ☐
8. comimos ☐
9. nadamos ☐
10. merendamos ☐
11. pusimos ☐
12. volvimos ☐

El pretérito perfecto simple

3 Completa con las formas que faltan.

vi · puse · nadasteis · comisteis · nadó · escribieron · escribí · comió · fuiste · hicimos · hiciste · escribimos · visteis · fuimos · pusieron

ESCRIBIR
- ☐
- escribiste
- escribió
- ☐
- escribisteis
- ☐

NADAR
- nadé
- nadaste
- ☐
- nadamos
- ☐
- nadaron

COMER
- comí
- comiste
- ☐
- comimos
- ☐
- comieron

IR/SER
- fui
- ☐
- fue
- ☐
- fuisteis
- fueron

VER
- ☐
- viste
- vio
- vimos
- ☐
- vieron

HACER
- hice
- ☐
- hizo
- ☐
- hicisteis
- hicieron

PONER
- ☐
- pusiste
- puso
- pusimos
- pusisteis
- ☐

El pretérito perfecto simple

Se usa con:

▶ El año/verano.../mes pasado
El mes pasado fuimos a Madrid.

▶ El lunes/martes pasado
El martes tuve un examen.

▶ La semana pasada
La semana pasada ganamos el partido.

▶ El fin de semana pasado
El fin de semana pasado no saliste.

▶ En enero/febrero...
En febrero conocí a Celia.

▶ Ayer, antes de ayer
Ayer cené con mis abuelos.

El fin de semana pasado

4 Escucha qué hizo Roberto. Ordena las fotos y explica sus actividades.

AulaVirtual PISTA 17

A2 B1 DELE

[Ahora tú]

Elige dos momentos y explica qué hiciste.

▶ En agosto ▶ *En agosto fui a la playa con mi familia.*
▶ El fin de semana pasado ▶ El invierno pasado
▶ Ayer a las cinco en casa ▶ El lunes por la mañana

Lección 12
Esta mochila es mía

Pablo y sus compañeros recogen sus cosas

1 Observa la foto y di qué objetos ves. Después, lee la conversación y localiza el nombre de los objetos.

Profesor	Chicos, volvemos al pueblo, tenéis que recoger vuestras cosas. A ver... estos prismáticos, ¿son tuyos, Pablo?
Pablo	Sí, son míos.
Profesor	¿Y esta mochila, es tuya, Andrea?
Andrea	Sí, es mía.
Manuel	No, no es tuya. Es de Juan, la tuya es más pequeña.
Profesor	Esa linterna es de Manuel, ¿no?
Andrea	Sí, es suya. ¿Dónde están mis gafas de sol?
Profesor	Aquí. ¿Ya está? ¿No olvidamos nada? Ese bastón azul, ¿de quién es?
Pablo	Mío, mío. Es mío.
Profesor	¡Pues en marcha!

¿De quién es?

2 Escucha y completa con los nombres adecuados (Pablo, Juan, Manuel, Andrea).

AulaVirtual
PISTA 18

Los pronombres posesivos CE. 8 (p. 21)

3 Busca en el diálogo los pronombres posesivos y completa. Después, deduce las formas que faltan.

A veces delante del pronombre se pone un *artículo*, es para identificar el objeto entre varios.
Tu mochila es verde, *la* mía es azul.

SINGULAR		PLURAL	
Masculino	Femenino	Masculino	Femenino
(el)	(la)	(los)	(las) mías
(el) tuyo	(la)	(los)	(las) tuyas
(el)	(la)	(los) suyos	(las)
(el)	(la)	(los)	(las) nuestras
(el) vuestro	(la)	(los) vuestros	(las)
(el)	(la)	(los)	(las) suyas

4 Relaciona y completa con pronombres posesivos, como en el ejemplo.

1 Vuestros padres van al campo los domingos.
2 Nuestro deporte favorito es el tenis.
3 Mis amigas son tímidas.
4 Mi cumpleaños es el 1 de mayo.
5 Tu gato está durmiendo.
6 Mi madre ha hecho un zumo.
7 Mis frutas favoritas son la piña y las uvas.
8 Mi padre vuelve del trabajo a las 19:00.

a Ellas [ ] son las peras y las fresas.
b Yo [ ] es el judo.
c Valeria Los suyos nunca.
d Vosotros [ ] son habladoras.
e Yo [ ] está jugando.
f Hugo [ ] es el 5 de junio.
g Nosotros [ ] ha hecho un bocadillo.
h Tú [ ] vuelve a las 18:00.

5 Observa y escribe frases, como en el modelo.

1 El despertador es de Laura → *Es suyo.*

[Ahora tú]

Forma frases y compara, como en el modelo.

▸ Los abuelos de Marta viven en Salamanca.
▸ El instituto de Pedro es muy grande.
▸ La madre de Julio es alta y morena.
▸ Las amigas de Raúl juegan al fútbol.

Los abuelos de Marta viven en Salamanca. Los míos viven en…

Repasas la gramática

Escribe las respuestas en tu cuaderno

El pretérito perfecto simple

1 Completa con las formas que faltan.

JUGAR	LEER
jugué	
	leíste
jugó	leyó
	leímos
jugasteis	leísteis
jugaron	

2 Escribe el pronombre sujeto y el infinitivo, como en el modelo.

1. leyó — Ud./él/ella — leer
2. escuché
3. escribisteis
4. fuiste
5. jugué
6. vieron
7. hicimos
8. dibujó
9. salimos
10. tomasteis
11. puso
12. abrieron
13. volví
14. fueron

3 Pon estas formas en pretérito perfecto simple.

1. juegan
2. vuelves
3. van
4. salgo
5. veis
6. leemos
7. vives
8. paseáis
9. corres
10. pongo
11. voy
12. se acuestan
13. hago
14. juegas
15. aprendo
16. llamamos

4 Conjuga los verbos en pretérito perfecto simple y construye frases relacionando un elemento de cada columna.

1. (Ir, nosotros) _____ a la playa
2. (Hacer, yo) _____ un examen
3. (Merendar, tú) _____ en casa de Pedro
4. (Acostarse, José) _____ muy pronto
5. (Ir, nosotros) _____ a patinar al parque

a. el martes a las 11:00.
b. el sábado.
c. ayer por la tarde.
d. el verano pasado.
e. el jueves por la noche.

5 Completa con los verbos de la lista en pretérito perfecto simple.

desayunar   ver   nadar   ir   observar   Comer   montar   caminar   bailar   cenar   hacer   levantarse

David, Raúl, Carmen y Sonia son cuatro amigos. Están en 2.º de la ESO. En mayo _____ al lago Enol en Asturias para participar en un campamento juvenil de dos días.

El primer día por la mañana _____ por la montaña y por la tarde Sonia y Raúl _____ en el lago. Por la noche, _____ y _____ vídeos de la excursión.

El segundo día _____ pronto (a las 8:00) y _____ (chocolate con cereales y un zumo de naranja). Luego, fueron a un bosque: _____ la naturaleza y David _____ muchas fotos de los animales. _____ en un pueblo. Por la tarde, _____ a caballo. Por la noche, todos _____ en la fiesta del campamento.

Los pronombres posesivos

6 Indica de quién es cada objeto o animal, usa un pronombre posesivo. Escribe frases, como en el modelo.

1 *El estuche es de Lola, es suyo.*

Vivir en sociedad

Un paseo por un parque natural

El fin de semana pasado fuiste de excursión a un parque natural con tu familia. En la entrada al parque viste un cartel con recomendaciones para proteger la naturaleza.

> Hay que caminar por los senderos y no hay que cortar flores.

1 Lee la información del cartel y relaciona estas frases con la señal adecuada.

- [ ] Nadar en el lago.
- [ ] Hablar fuerte.
- [ ] Hacer fuego.
- [ ] Llevar móvil con GPS para situarse.
- [ ] Llevar al perro con correa.
- [ ] Pescar.
- [ ] Cortar flores.
- [ ] Tirar comida.

2 Explica el significado de los iconos.

Usa: ▶ *hay que* + infinitivo
▶ *está prohibido* + infinitivo

> El número 7 significa que en el parque *está prohibido hablar* alto.

Para expresar una obligación general, usamos hay que + infinitivo.

ÁREA de Geografía

Representaciones de la Tierra

1 Infórmate sobre cómo se puede representar la Tierra. Lee los textos y relaciona cada uno con la imagen adecuada.

▶ Podemos representar la Tierra de cinco formas.

a _____ : es una esfera, una Tierra en miniatura. Se pueden ver los océanos, los mares, los continentes, los países, las islas…

Para situarse precisamente en la superficie del planeta, el hombre ha dibujado líneas imaginarias: los meridianos y los paralelos.

- Los meridianos: son líneas verticales, van del Polo Norte al Polo Sur. Hay 360.
- Los paralelos: son círculos horizontales, están a la misma distancia unos de otros, y son paralelos al ecuador que es el más grande (mide 40 000 km), divide la Tierra en dos hemisferios: el hemisferio norte y el hemisferio sur. También existen dos círculos muy importantes: el trópico de Cáncer en el hemisferio norte y el trópico de Capricornio en el hemisferio sur.

b _____ : muestra la totalidad de la Tierra de forma plana. Puede ser físico (muestra los ríos, los mares, los océanos, las montañas, etc.) o político (muestra las fronteras entre países). También se llama *planisferio terrestre*.

c _____ : es una representación gráfica en dos dimensiones de un lugar de la Tierra (continente, isla, país, región…).

d _____ : es la representación gráfica de una zona pequeña (ciudad, barrio, casa…) y tiene muchos detalles (calles, plazas, carreteras…).

e _____ : es una foto de la Tierra tomada desde el espacio.

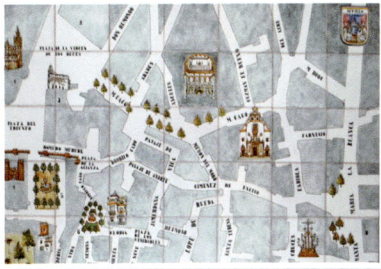

1 El plano

2 La imagen satélite

3 El mapa

4 El mapamundi

5 El globo terráqueo

sesenta y uno **61**

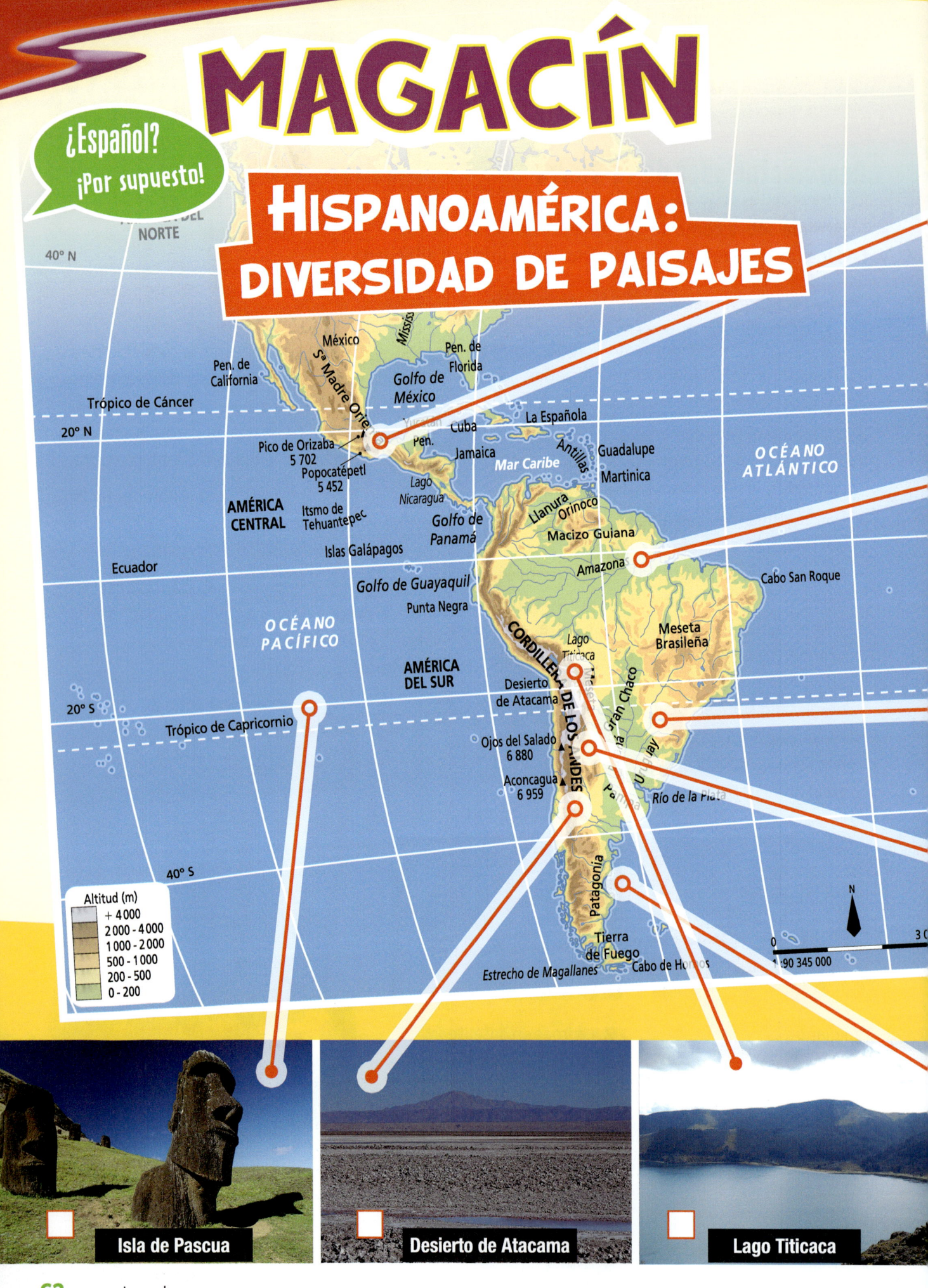

Volcán Popocatépetl

Río Amazonas

Cataratas de Iguazú

Cordillera de los Andes

Glaciar Perito Moreno

1 Observa las fotos y, con la ayuda del mapa, deduce a qué foto corresponde cada texto.

1 Es una gran masa de hielo situada en Argentina. Tiene una altura de 60 m y avanza continuamente.
2 Está situado en el centro de México y todavía está activo.
3 Es la isla habitada más alejada del continente, pertenece a Chile y está en el Pacífico. Tiene enormes estatuas de piedras, los moáis.
4 Situadas en las fronteras de Paraguay, Argentina y Brasil, tienen una altura de 70 a 80 m.
5 Es el más seco del mundo. Se encuentra en Chile entre el Pacífico y los Andes y tiene una superficie de 105 000 km².
6 Tiene una longitud de 7 062 km. Nace en Perú, atraviesa Colombia y Brasil y desemboca en el Atlántico.
7 Es el segundo más grande de la Tierra y el más alto del mundo. Tiene una profundidad de 283 m y es navegable. Está situado entre Perú y Bolivia.
8 Ocupa parte de Bolivia, Argentina, Perú, Chile, Colombia, Ecuador y Venezuela. Es paralela a la costa del Pacífico y tiene 7 240 km de longitud y 241 km de ancho y una altura media de 4 000 m.

2 Observa el mapa y relaciona las dos partes de cada frase.

1 La Amazonia es ○ — ○ a un río.
2 El Caribe es ○ — ○ b América del Norte.
3 El Orinoco es ○ — ○ c un océano.
4 Perú está en ○ — ○ d una isla.
5 México está en ○ — ○ e América del Sur.
6 Los Andes son ○ — ○ f un bosque inmenso.
7 El Pacífico es ○ — ○ g América Central.
8 El Titicaca es ○ — ○ h un lago.
9 Cuba es ○ — ○ i un mar.
10 Costa Rica está en ○ — ○ j un conjunto de montañas.

PROYECTO cultural

▶ **Dibuja un mapa de tu país.**

Escribe el nombre de los accidentes geográficos más importantes: montañas, ríos, lagos, volcanes, bosques, etc.

5 ¿Qué comemos hoy?

Objetivos

1. **Hablar de la comida**
2. **Decir qué comes**
3. **Explicar qué has hecho hoy**

▶ LÉXICO
- ✓ Las comidas del día
- ✓ Los alimentos

▶ COMUNICACIÓN
- ✓ Hablas de tus alimentos favoritos
- ✓ Expresas cantidad e intensidad
- ✓ Cuentas actividades recientes

▶ GRAMÁTICA
- La cantidad: *mucho/a*, *muchos/as*
- El pretérito perfecto compuesto
- Los participios irregulares
- El pretérito perfecto compuesto con pronombres de OD

Vivir en sociedad
- ❖ Comer sano

ÁREA de Biología
- ❖ Los nutrientes de los alimentos

MAGACÍN
- ❖ Dulces y postres españoles
- ❖ Proyecto cultural

LOS ALIMENTOS

1 Con tu compañero, completa los nombres de estos alimentos.

1 la _ i _ _   **2** las g _ _ _ e _ _ _   **3** el _ a _   **4** el t _ m _ e   **5** las _ _ _ z _ _ _ _

LA CANTIDAD

2 Observa. Después, completa con *muchos* o *muchas*.

a Tengo much**os** libr**os**.   **b** Tengo much**as** amig**as**.   **c** En el instituto tengo ☐ compañeros.

d Como ☐ fresas.

EL PRETÉRITO PERFECTO COMPUESTO

3 ¿Qué ha hecho Claudia hoy? Relaciona las fotos y las frases.

a ☐   **b** ☐   **c** ☐

1 He recibido un mensaje.

2 He comido paella.

3 He jugado al baloncesto.

4 ¿Cuál es el infinitivo de cada verbo?

1 He recibido ☐   **2** He comido ☐   **3** He jugado ☐

sesenta y cinco **65**

Lección 13
¡Qué rico!

El desayuno

- el plátano
- la leche
- la pera
- la mantequilla
- las fresas
- los cereales
- el pan
- la mermelada
- el kiwi

La comida

- la sandía
- el melón
- la piña
- el limón
- la lechuga
- las patatas fritas
- la pasta
- el agua (f.)*
- el pescado
- la carne
- el huevo

*La palabra *agua* es femenina, pero tienes que decir *el agua*, porque empieza por una *a* fuerte.

La merienda

- el zumo de naranja
- las galletas
- el queso
- el bocadillo
- el jamón de York
- el yogur

66 sesenta y seis

La cena

- el arroz
- el pollo
- las manzanas
- las uvas
- el tomate
- el atún
- la ensalada

Los alimentos

CE. 1, 2 (pp. 22, 23)

1 Observa y clasifica los alimentos.

las verduras	las frutas	los lácteos
		la leche...
las bebidas	de origen animal	otros

2 Termina las frases con las palabras del ejercicio 1.
1. Tengo hambre → voy a comer una pera,
2. Tengo sed → voy a beber agua,

3 Claudia tiene hambre. Escucha y marca qué alimentos hay hoy en el menú del instituto. Después, di el nombre de los alimentos que no hay en el menú.

AulaVirtual PISTA 19

4 ¿En qué tienda puedes comprar…?

1. En _____
2. En _____
3. En _____

Las cuatro comidas

5 ¿Recuerdas los verbos correspondientes a las 4 comidas del día?
1. El desayuno → *desayunar*
2. La comida → _____
3. La merienda → _____
4. La cena → _____

[Ahora tú] A2/B1 DELE

Fíjate en los horarios de las comidas y explica cuáles son tus horarios normalmente. ¿Cuáles son tus alimentos preferidos?

sesenta y siete **67**

Lección 14
¡A merendar!

Claudia y sus amigos quieren merendar

AulaVirtual
PISTA 20

1 Infórmate sobre la importancia de la merienda. Escucha y lee. Después, completa.

¿Qué aporta cada alimento?

- fruta
- producto lácteo
- producto de cereales

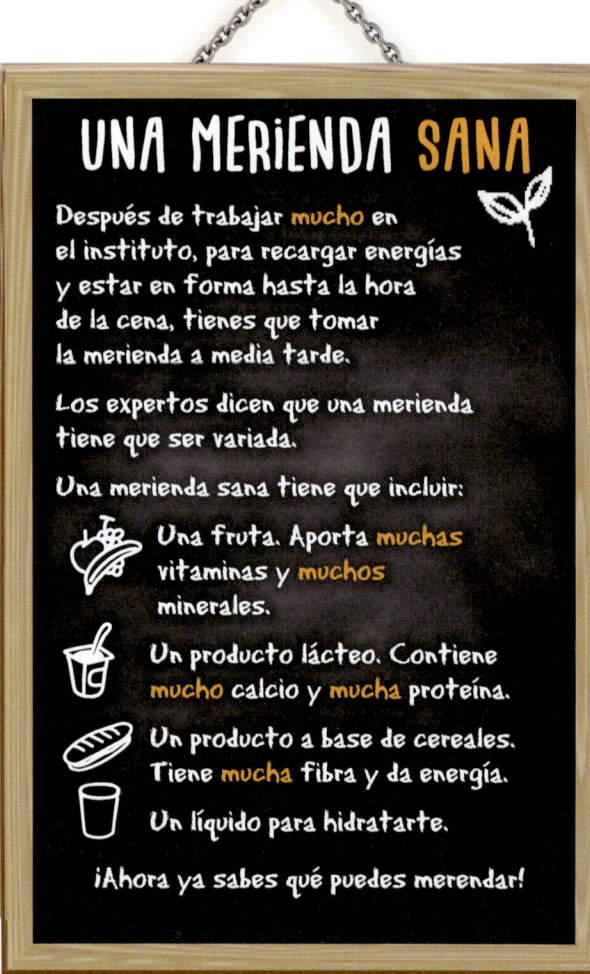

UNA MERIENDA SANA

Después de trabajar mucho en el instituto, para recargar energías y estar en forma hasta la hora de la cena, tienes que tomar la merienda a media tarde.

Los expertos dicen que una merienda tiene que ser variada.

Una merienda sana tiene que incluir:

- Una fruta. Aporta muchas vitaminas y muchos minerales.
- Un producto lácteo. Contiene mucho calcio y mucha proteína.
- Un producto a base de cereales. Tiene mucha fibra y da energía.
- Un líquido para hidratarte.

¡Ahora ya sabes qué puedes merendar!

2 Observa las imágenes y di qué va a tomar cada chico. Después, contesta las preguntas.

Laura | Claudia | Raúl

▸ ¿Quién(es) va(n) a tomar una merienda sana?
▸ ¿Qué alimento le falta a cada uno para tener una merienda equilibrada?

Mucho, mucha, muchos, muchas  CE. 3 (p. 23)

3 Lee otra vez el texto del ejercicio 1 y busca ejemplos para completar la regla.

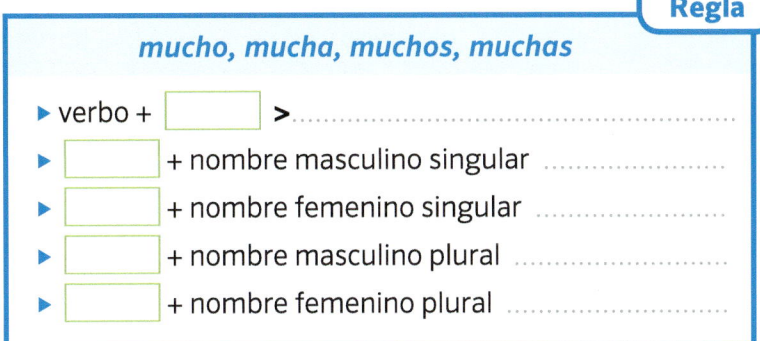

Para hablar de la intensidad y la cantidad, usamos mucho/a, muchos/as.

Regla

mucho, mucha, muchos, muchas

▸ verbo + ☐ > ....
▸ ☐ + nombre masculino singular ....
▸ ☐ + nombre femenino singular ....
▸ ☐ + nombre masculino plural ....
▸ ☐ + nombre femenino plural ....

4 Relaciona y escribe diez frases en tu cuaderno.

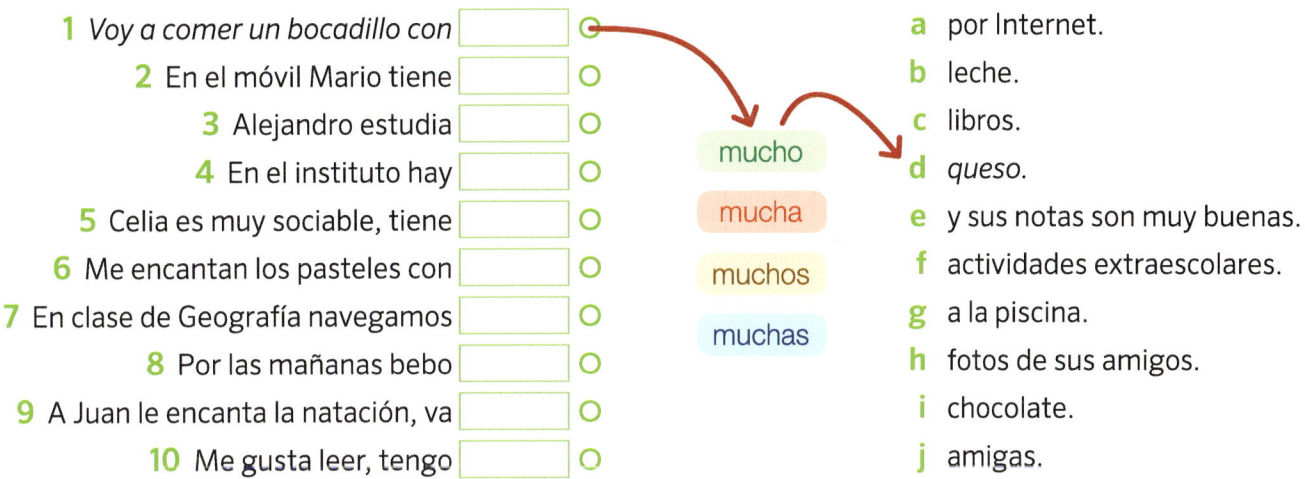

1 Voy a comer un bocadillo con ☐ ○
2 En el móvil Mario tiene ☐ ○
3 Alejandro estudia ☐ ○
4 En el instituto hay ☐ ○
5 Celia es muy sociable, tiene ☐ ○
6 Me encantan los pasteles con ☐ ○
7 En clase de Geografía navegamos ☐ ○
8 Por las mañanas bebo ☐ ○
9 A Juan le encanta la natación, va ☐ ○
10 Me gusta leer, tengo ☐ ○

mucho
mucha
muchos
muchas

a por Internet.
b leche.
c libros.
d queso.
e y sus notas son muy buenas.
f actividades extraescolares.
g a la piscina.
h fotos de sus amigos.
i chocolate.
j amigas.

5 Forma frases, como en el modelo. Usa *mucho/a, muchos/as*.

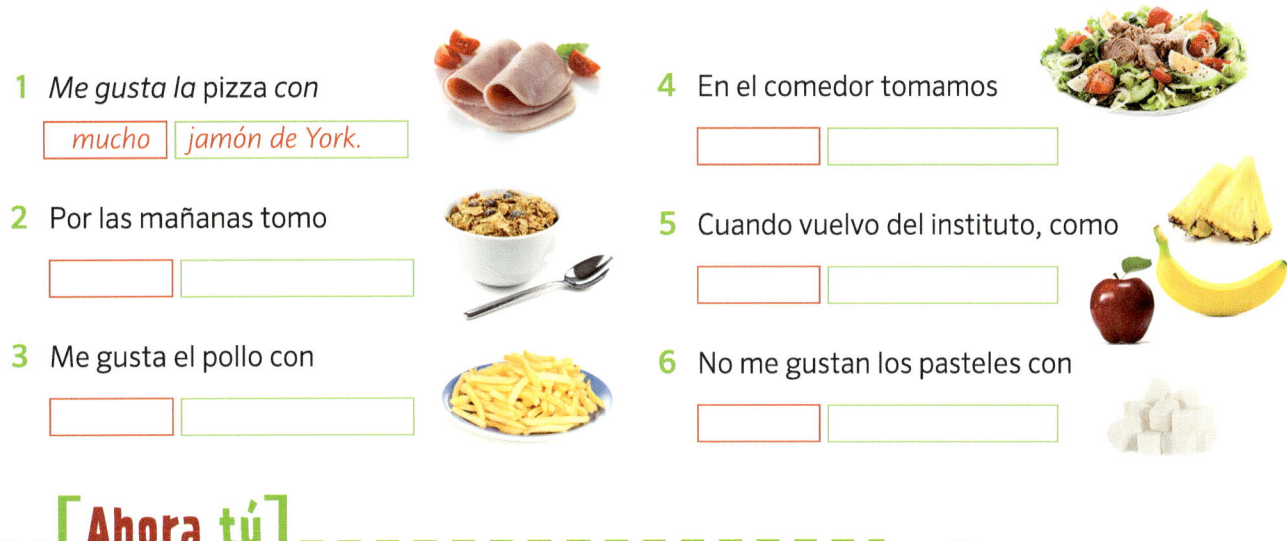

1 Me gusta la pizza con [mucho] [jamón de York.]

2 Por las mañanas tomo ☐ ☐

3 Me gusta el pollo con ☐ ☐

4 En el comedor tomamos ☐ ☐

5 Cuando vuelvo del instituto, como ☐ ☐

6 No me gustan los pasteles con ☐ ☐

[Ahora tú]

Con tu compañero crea dos meriendas sanas diferentes.

Lección 15
Hoy cocino yo

el pepino — el tomate

Claudia ha hecho un gazpacho

1 Observa los ingredientes. Después, escucha y lee la receta.

AulaVirtual
PISTA 21

El gazpacho es una sopa fría tradicional de Andalucía. Es muy típico tomarlo en verano.

Ingredientes:
- 2 kg de tomates
- 1 pimiento verde pequeño
- 1 pepino
- 1/2 cebolla
- 1 diente de ajo
- pan
- aceite de oliva, vinagre y sal

el aceite

el vinagre

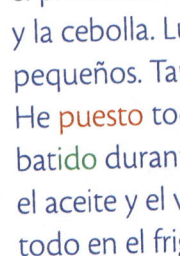
el pan

Gazpacho

Hoy he **hecho** un gazpacho para una clase especial de nutrición en el instituto. ¡Es muy fácil! He la**vado** los tomates y el pimiento. He pela**do** el pepino, el ajo y la cebolla. Luego, los he corta**do** en trozos pequeños. También he corta**do** el pan. He **puesto** todo en la batidora y lo he bati**do** durante 3 minutos. He **puesto** la sal, el aceite y el vinagre. Después, lo he meti**do** todo en el frigorífico.

la sal — el pimiento — la cebolla — el ajo

2 Ahora, relaciona cada verbo con la imagen adecuada.

1 batir ☐
2 lavar ☐
3 pelar ☐
4 cortar ☐

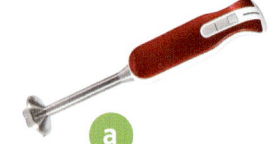  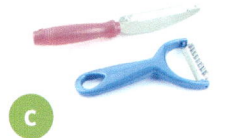 
a — b — c — d

El pretérito perfecto compuesto
 CE. 4, 5, 6, 7, 8 (pp. 24, 25)

3 Completa con los participios de la receta de Claudia.

Para hablar de acciones pasadas recientes, usamos el pretérito perfecto compuesto.

HABER (en presente)	+	PARTICIPIO	
		REGULARES	**IRREGULARES**
he		▸ verbos en -ar → -ado	▸ abrir → abierto
has		cortar → _____	▸ escribir → escrito
ha		▸ verbos en -er → -ido	▸ decir → dicho
hemos		meter → _____	▸ hacer → _____
habéis			▸ poner → _____
han		▸ verbos en -ir → -ido	▸ ver → visto
		batir → _____	▸ volver → vuelto

70 setenta

4. Ordena las palabras y forma frases en pretérito perfecto compuesto.

1 (Yo) leche / mañana / y / cereales. / Esta / desayunar
2 (Ella) fin de semana / a casa / ir / Este / de Nuria.
3 (Nosotros) comer / del instituto. / Hoy / el comedor / en
4 (Tú) ¿Ver / tarde? / a tu amigo / esta
5 (Vosotros) jugar / en / A / al fútbol / el patio. / las 11:00

El pretérito perfecto compuesto se usa con:
- Hoy
- Esta mañana/tarde/noche
- A las dos/tres…
- Este fin de semana
- Esta semana
- Este verano/invierno…

5. Lee la información y transforma las frases, como en el modelo.

▶ Con verbos pronominales:
pronombre + haber + participio
Esta mañana me he levantado a las 9:00.

1 Hoy me he levantado a las 7:00.
   ▶ *Ella también se ha levantado a las 7:00.*
2 Este verano te has bañado en el Mediterráneo.
   ▶ Vosotros también ____
3 Este fin de semana me he acostado tarde.
   ▶ Mis amigos también ____
4 Esta tarde Lucía se ha puesto un vestido negro.
   ▶ Tú también ____

6. Lee la información. Después, contesta 🟢 sí o 🔴 no. Usa un pronombre de OD en todas las frases.

▶ Con pronombres de OD:
pronombre + haber + participio
– ¿Cuándo has hecho el gazpacho?
– Lo he hecho esta tarde.

Forma negativa:
No + (pronombre) + haber + participio
No he hablado con Matilde.

1 ¿Has leído el libro? / 🔴 No, no lo he leído.
2 ¿Habéis visto a vuestros amigos? / 🟢 ____
3 ¿José os ha llamado? / 🟢 ____
4 ¿Has comprado las frutas? / 🔴 ____
5 ¿Álex ha preparado la merienda? / 🟢 ____

[Ahora tú]

Haz preguntas a tus compañeros. Usa expresiones de tiempo.

levantarse   ir a casa de un amigo
hacer deporte   ver a tus amigos
jugar a los videojuegos   escribir mensajes   escuchar música

💬 ¿Qué has desayunado esta mañana?

💬 He desayunado leche con galletas.

A2 B1 DELE

Repasas la gramática

Escribe las respuestas en tu cuaderno

Mucho, mucha, muchos, muchas

1 Relaciona cada pregunta con la respuesta adecuada y completa con *mucho/a, muchos/as*.

1 ¿Te gusta leer?
2 ¿Tiene Internet en casa?
3 ¿Qué comes en el instituto?
4 ¡Tu perro está muy gordo!
5 ¿Qué hacéis en clase de Inglés?
6 ¿Te gustan los helados de fresa?
7 ¿Hoy vas a comer *pizza*?
8 ¿Tu familia es grande?
9 ¿Vas a salir este fin de semana?

a Sí, tengo ____ primos y ____ primas.
b Sí, y me gusta con ____ queso.
c Sí, tengo ____ libros.
d ¡¡Sí!! Con ____ nata.
e ____ pasta y ____ pescado.
f Sí, y navego ____ .
g Escuchamos ____ canciones.
h No, porque tengo ____ deberes.
i Sí, come ____ .

2 Elige la opción correcta.

1 Me gustan *muchos/mucho* las fresas.
2 Siempre como la pasta con *mucho/muchos* tomate.
3 Tengo *muchas/mucha* amigas en clase.
4 Roberto toma *muchas/mucha* frutas diferentes.
5 Este año tengo *muchos/muchas* asignaturas.
6 Como *mucho/muchos* pescado.

El pretérito perfecto compuesto

3 Forma los participios de estos verbos.

1 salir
2 escribir
3 volver
4 subir
5 poder
6 dormir
7 comprender
8 esperar
9 decir
10 poner
11 tener
12 leer
13 jugar

4 Completa las frases con los participios de estos verbos.

abrir, poner, ver, decir, volver, hacer, escribir

1 Hoy hemos ____ una película muy interesante.
2 ¿A qué hora habéis ____ del instituto hoy?
3 ¿Cuántos mensajes has ____ esta mañana?
4 ¿Has ____ los deberes?
5 Los alumnos han ____ los libros por la página 58.
6 ¿Has ____ los libros sobre el escritorio de tu habitación?
7 ¿Qué has ____ ? No entiendo.

5 Observa las fotos y escribe qué han hecho estos chicos.

- (vosotras) a las 17:00 — A las 17:00 habéis hecho los deberes.
- (tú) este fin de semana —
- (nosotras) a las 10:30 —
- (mi hermana) esta mañana —
- (nosotros) esta tarde —
- (Selena y su hermano) a las 18:00 —

6 Ordena las fotos y escribe el horario de Víctor.

Me he levantado a las 7:30.

7 Contesta afirmativamente y usa un pronombre de OD, como en el modelo.

1. ¿Has terminado los deberes? *Sí, los he terminado.*
2. ¿María ha visto a Julia?
3. ¿Habéis llamado a vuestros padres?
4. ¿Tus amigos han leído los SMS?
5. ¿Has hecho el gazpacho?
6. ¿Has invitado a Lola y Adriana?

Vivir en sociedad

¡Come sano, carga tus pilas!

1 ¿Sabes lo que es sano? Marca si estas afirmaciones son verdaderas o falsas.

1. Nuestra salud depende de nuestra alimentación. ☐
2. Comer de forma saludable significa comer muchos dulces. ☐
3. Los zumos de frutas tienen mucho azúcar. ☐
4. En todas las comidas, tienes que comer alimentos muy variados. ☐
5. Las patatas fritas son muy sanas. ☐
6. Comer dos veces al día es suficiente para estar en forma. ☐
7. Si no tienes hambre, puedes no desayunar. ☐
8. Las proteínas (carne, pescado, huevos...) son necesarias para crecer. ☐
9. Tienes que comer varias frutas y verduras cada día. ☐
10. Los cereales te dan energía, necesaria para estudiar y realizar actividades. ☐

2 Ahora, lee este texto de una revista de alimentación y contesta a las preguntas.

El Burger propone y tú... decides

Hoy es sábado y Juan y sus amigos han quedado para comer y luego ir al cine a ver una película de acción.

«¡A las dos en el Burger de la plaza Mayor!», propone Juan. A los tres les encantan las hamburguesas con patatas fritas y un refresco de cola, ¡¡son baratas y están muy buenas!! Y el Burger es genial, hay música y muchas personas.

Pero una hamburguesa con patatas fritas y un refresco de cola no es una comida muy sana, tiene grasa, muchos azúcares y... muchas calorías.

Cuando entran al Burger, hay un cartel:

¡Hoy el menú lo haces tú!
Propuesta

Un menú equilibrado tiene que contener estos alimentos.

- **Hidratos de carbono:** pan, arroz, pasta, patatas fritas...
- **Verduras:** tomates, ensalada, pimientos, pepinos...
- **Proteínas:** pollo, pescado, carne, jamón de York, huevos...
- **Frutas:** fresas, manzanas, naranjas, sandía, melón...
- **Líquidos:** agua.

Y... de postre, un poco de chocolate, porque a todos nos gusta, y un poco no es malo.

1. ¿Por qué les gusta a los adolescentes ir al Burger?
2. ¿Qué productos poco saludables contiene un menú de Burger?
3. Fíjate en los alimentos de un menú equilibrado, ¿cuáles forman parte de un menú de Burger y cuáles no?

3 Con tres compañeros, crea dos platos principales y dos postres diferentes de un menú equilibrado.

ÁREA de Biología

Alimentos necesarios: los nutrientes

1 ¿Qué sabes sobre los nutrientes?

▸ Los nutrientes son compuestos químicos contenidos en los alimentos y necesarios para vivir.
▸ Hay diferentes tipos de nutrientes según los alimentos.
▸ Es importante comer de todos los alimentos para tener todos los nutrientes.

2 Ahora, relaciona cada nutriente con la función y el alimento adecuados y completa.

Nutrientes	Función	Alimentos
Las proteínas		
Los hidratos de carbono		
Las grasas		
Las vitaminas y los minerales		

Alimentos

a
b
c
d

Función

1 Sirven como reserva energética y nos protegen: mantienen la temperatura del cuerpo, protegen órganos como el corazón, etc.

2 Nos protegen de las enfermedades.

3 Nos dan fuerza y nos ayudan a crecer con músculos resistentes y fuertes.

4 Son la principal fuente de energía del organismo. Es el alimento de nuestras células.

3 Juego:

Organizad grupos de seis personas.

Un grupo dice el nombre de un nutriente y otro grupo tiene que contestar la función de ese nutriente y tres alimentos que pertenecen a ese grupo.

Solo tienes 20 segundos para responder.

setenta y cinco **75**

MAGACÍN

¡Español? ¡Por supuesto!

DULCES Y POSTRES ESPAÑOLES

Los dulces y postres españoles tienen una larga tradición cultural. Muchas recetas tienen influencias árabes. También son muy famosos los dulces que se elaboran en los monasterios y conventos.

La repostería española es muy rica y variada y cada zona tiene su especialidad. Muchos dulces o postres están unidos a celebraciones religiosas. Estos son algunos de los más típicos.

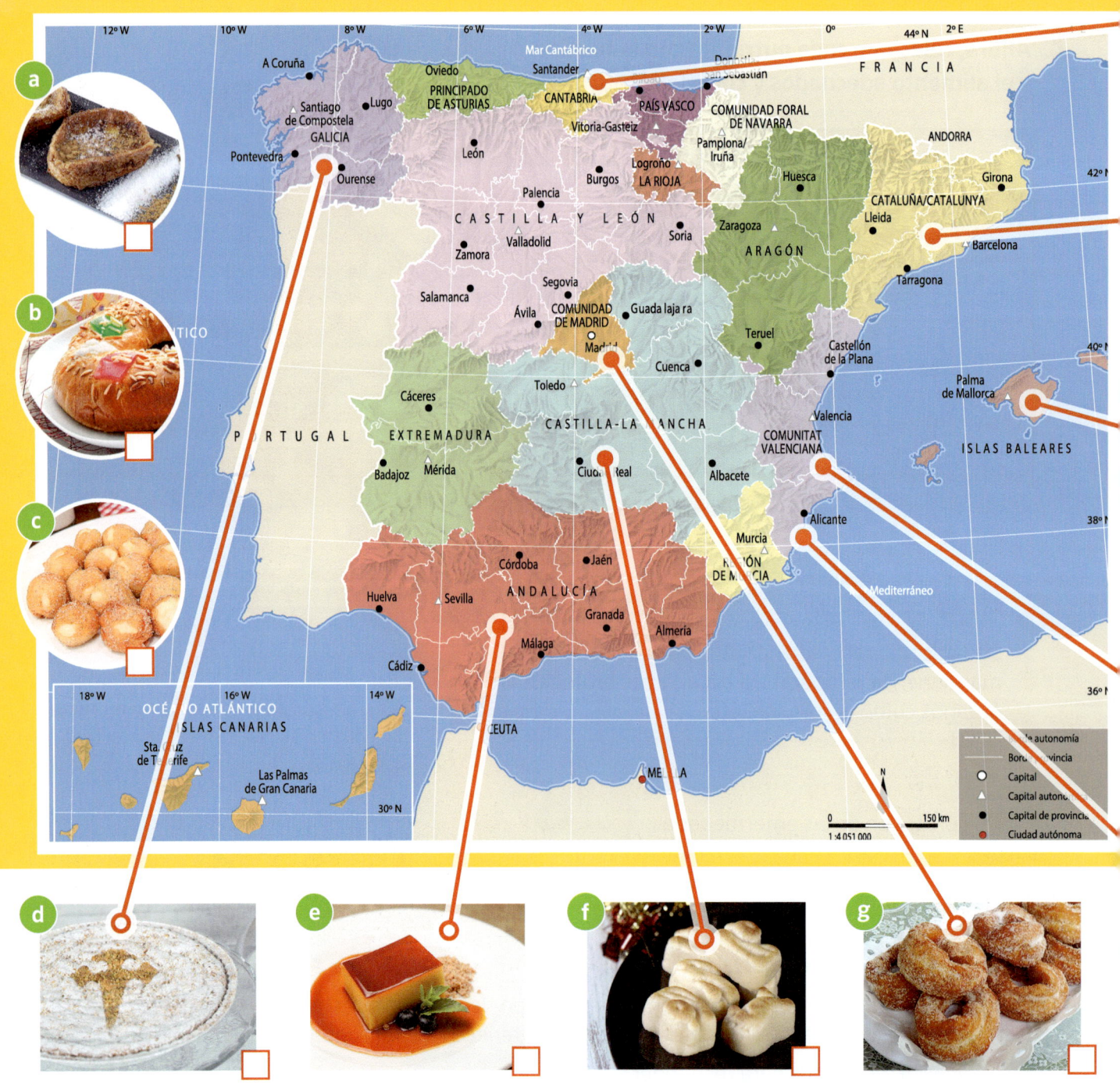

76 setenta y seis

 m ☐

 l ☐

 k ☐

 j ☐

 i ☐

 h ☐

1 Observa las fotos, lee las descripciones e indica a qué foto corresponde cada una.

1 Las rosquillas (Madrid): Llevan harina y agua y luego se fríen en aceite. Se toman con chocolate caliente en el desayuno y también como merienda, sobre todo en invierno. Son redondas y llevan azúcar.

2 Los sobaos pasiegos (Cantabria): Estos bizcochos pequeños cuadrados llevan harina, huevos, azúcar y mantequilla.

3 La ensaimada (Baleares): Se elabora con harina, agua, azúcar, huevos… Se toma para desayunar o por la tarde, con chocolate caliente o café. Es redonda.

4 La crema catalana (Cataluña): Se elabora con yema de huevo y tiene una capa de azúcar caramelizada. Es típica del día de San José (19 de marzo).

5 La tarta de Santiago (Galicia): Este dulce lleva azúcar, huevos y almendras molidas.

6 La horchata (Valencia): Es una bebida preparada con agua, azúcar y chufas. Se toma mucho en verano.

7 El tocino de cielo (Andalucía): Es de color amarillo. Lleva yema de huevo caramelizada, azúcar y limón.

8 El mazapán (Castilla-La Mancha): Se elabora con almendras y azúcar. Es un dulce tradicional de la Navidad.

9 El turrón (Alicante): Se elabora con miel, huevos y almendras. Tiene forma rectangular y es típico de la Navidad.

Y en toda España:

10 Churros y porras: Se comen con chocolate caliente en el desayuno y también como merienda.

11 Torrijas: Es pan mojado en leche y huevo, con canela, azúcar y miel. Son muy típicas de Semana Santa.

12 Roscón: Es redondo y tiene una sorpresa dentro. Se toma durante la fiesta de Reyes, el 6 de enero.

13 Buñuelos de viento: Se hacen con harina, leche, azúcar, mantequilla, huevos, canela y vainilla. Pueden llevar chocolate, nata, crema, etc. Se toman a principios de noviembre.

2 Si vas a España, ¿qué puedes tomar en…?

Semana Santa   Navidad   Verano

PROYECTO cultural

- ¿Cuáles son los dulces o postres típicos de tu país? ¿Cuál te gusta más?
- ¿En qué región se elabora cada uno?
- ¿Sabes preparar algún dulce o postre? Explícalo en clase.

¿Qué animal prefieres?

Objetivos

1. **Conocer el nombre de los animales salvajes**
2. **Describir animales**
3. **Comparar**

▶ **LÉXICO**
- Los animales salvajes y partes de su cuerpo
- Los adjetivos para describir animales
- Los números desde 100

▶ **COMUNICACIÓN**
- Hablas de los animales
- Haces comparaciones
- Cuentas desde 100

▶ **GRAMÁTICA**
- Los comparativos: *más*/*menos*... *que*, *tan*... *como*
- El adjetivo: género y número
- El superlativo relativo: *el*/*la*... *más*/*menos*... *de* *el*/*la*... *mayor*/*menor*/*mejor*/*peor*... *de*

Vivir en sociedad
- La vida en el zoo

 de Ciencias de la Naturaleza
- ¿Cómo se desplazan los animales?

MAGACÍN
- Animales de Hispanoamérica
- Proyecto cultural

ANIMALES SALVAJES

Para empezar... ¡Prepárate!

1 ¿Puedes decir el nombre de dos de estos animales?

1 el d _ _ _ _ n

2 la j _ _ _ _ a

3 el c _ _ _ _ o

4 el l _ _ n

EL DELFÍN

2 Relaciona y termina estas frases sobre el delfín.

1 El delfín es ☐
2 Vive en ☐
3 Le gusta ☐

a los océanos.
b saltar en el agua.
c inteligente.

LOS NÚMEROS

3 Observa y completa estas cantidades.

a **243** ▸ doscientos ☐ y tres

b **325** ▸ ☐ cientos veinticinco

c **651** ▸ ☐ cientos ☐ y uno

setenta y nueve **79**

Lección 16
Mi animal favorito

Pedro e Isabel hablan de animales

1. el tigre
2. el guepardo
3. el elefante
4. el león
5. el delfín
6. el oso panda
7. la cebra
8. el mono
9. el canguro
10. el tiburón

Los animales salvajes

1 Escucha a Pedro (P) e Isabel (I) y marca los animales favoritos de cada uno.

AulaVirtual PISTA 22

El cuerpo de los animales

2 Lee las pistas y escribe estas palabras en el lugar adecuado.

1. Los **dientes** del cocodrilo están en la boca.
2. El koala tiene cuatro **patas** para subir a los árboles.
3. Con las **orejas** la jirafa escucha a otros animales.
4. El cocodrilo tiene una **cola** larga y gruesa.
5. El **cuello** de la jirafa es muy largo.
6. Los animales se protegen del frío con el **pelo**. Las aves, con las **plumas**.
7. Las personas tienen boca, el águila tiene **pico**.
8. El águila tiene dos **alas** para volar.

a
b
el cocodrilo

¿Qué animal es?

3 Lee una frase. Tu compañero dice el nombre del animal.

1. Tiene rayas blancas y negras.
2. Es muy alta.
3. Es gris y salta.
4. Duerme en los árboles.
5. Vive en el mar y salta en el agua.
6. Es el rey de los animales.
7. Es blanco y negro.
8. Vive en los ríos.
9. Es blanco con manchas marrones.
10. Existen dos: de África y de Asia.
11. Tiene rayas marrones, blancas y negras.
12. Vive en los océanos, ¡qué miedo!

c
d el koala

e f
g el águila

h
i la jirafa

- - - [Ahora tú] - - -

Contesta estas preguntas.

¿Cuáles son tus animales favoritos?

¿Sabes en qué continente viven?

¿Viven en el río, el océano, el bosque, la montaña?

Lección 17
¿Qué sabes sobre animales?

Pedro hace un test sobre animales

1 Haz tú también el test de la revista. Lee el cuadro de los comparativos para hacerlo.

¿Te gustan los animales y leer curiosidades sobre ellos?

Pon a prueba tus conocimientos y di si estas afirmaciones son verdaderas o falsas.

1. El guepardo es más rápido que el león.
2. La jirafa se alimenta de plantas.
3. Los cocodrilos viven en agua salada.
4. El mono es menos ágil que el koala.
5. El tigre puede comer animales más grandes que él.
6. Las orejas del elefante de África son tan grandes como las del elefante de Asia.
7. Los «bebés» canguro son menos grandes que los «bebés» koala.
8. El tiburón pertenece a la familia de los peces.
9. El koala vive en el sur de China.

2 Escucha y comprueba.

AulaVirtual PISTA 23

Comparativos de...

➕ superioridad	➖ igualdad	➖ inferioridad
verbo + más + adjetivo + que	verbo + tan + adjetivo + como	verbo + menos + adjetivo + que
La jirafa es más alta que el elefante.	*El tiburón es tan peligroso como el cocodrilo.*	*El tigre es menos sociable que el león.*

Los comparativos CE. 3 (p. 27)

3 Observa las fotos y completa las frases con *más... que / menos... que* o *tan... como*.

1. La cola del guepardo es _____ delgada _____ la cola del cocodrilo.
2. Las orejas de la jirafa son _____ grandes _____ las orejas de la cebra.
3. El mono es _____ lento _____ el oso panda.
4. El canguro es _____ rápido _____ el oso panda.
5. El delfín es _____ peligroso _____ el tiburón.
6. Las patas del tigre son _____ gruesas _____ las patas del león.

Los números desde 100 CE. 4, 5 (p. 28)

> Los números desde 200 tienen el mismo género que el nombre al que acompañan. Doscient*os* alumn*os*, doscient*as* profesor*as*.

4 Observa y completa.

100: cien	400: _____cientos	700: setecientos	1.000: mil
200: doscientos	500: quinientos	800: _____cientos	2.000: dos mil
300: _____cientos	600: _____cientos	900: novecientos	3.000: _____ mil

Se usa ciento + unidad/decena   103: ciento tres   130: ciento treinta

5 Escucha y rodea los números. Luego, escríbelos en letras.

732   372   880   3.060   5.550   709   932   210   808   201   3.600   790   472   5.055

AulaVirtual PISTA 24

6 Escribe estos números en cifras y luego ordénalos de menos (-) a más (+).

1. cuatrocientos quince _____
2. dos mil cuatro _____
3. seiscientos cuarenta y dos _____
4. doscientos noventa y uno _____
5. once mil setecientos treinta y dos _____
6. novecientos tres _____
7. trescientos ochenta _____
8. ochocientos cincuenta y nueve _____
9. ciento sesenta y tres _____
10. cuatrocientos cincuenta _____
11. cinco mil ochocientos trece _____
12. quinientos noventa y ocho _____

Lección 18
Los delfines

Pedro hace un trabajo para la clase de Biología

1 Antes de leer su trabajo, di si estas afirmaciones sobre los delfines son verdaderas o falsas.

1. Son peces. ☐
2. Solo viven en el mar Mediterráneo. ☐
3. Viven en grupo. ☐
4. Son muy inteligentes. ☐

Los delfines

Los delfines son mamíferos acuáticos. Viven en todos los mares y océanos del mundo. Son animales sociales y viven en grupos formados por unos 12 ejemplares. Pueden desplazarse nadando por debajo del agua, pero tienen que subir a la superficie para respirar. Son de color gris y blanco y miden de 3 a 9 metros. Son uno de los animales más inteligentes del mundo. Tienen un lenguaje basado en sonidos para comunicarse. Son los animales más juguetones del océano: les encanta saltar en las olas y realizar figuras acrobáticas. Son carnívoros: comen peces y calamares. Son los mejores amigos del hombre… en el mar.

 2 Escucha y comprueba.

AulaVirtual PISTA 25

3 Lee y marca en qué orden menciona estos datos.

a. Cómo es su cuerpo ☐
b. Cómo se desplaza ☐
c. Qué carácter tiene ☐
d. Qué tipo de animal es ☐
e. Cómo vive ☐
f. Cuáles son sus habilidades ☐
g. Cuál es su alimentación ☐
h. Dónde vive ☐

Adjetivos para describir a un animal  CE. 6, 7, 8 (pp. 28, 29)

4 Lee estos adjetivos. Relaciona los de color naranja con su significado. Después, escribe el nombre de un animal para cada adjetivo.

carácter, habilidades
- juguetón/ona
- dormilón/ona
- feroz
- gracioso/a
- ágil
- social ≠ solitario/a
- lento/a ≠ rápido/a (= veloz)

1 juguetón
2 dormilón
3 feroz
4 gracioso
5 ágil
6 social

a Le gusta estar en grupo.
b Es simpático.
c Es sinónimo de *salvaje*.
d Le encanta jugar.
e Se mueve fácilmente.
f Le gusta dormir.

5 Ahora, escucha la presentación de los animales anteriores y comprueba tus respuestas.

AulaVirtual PISTA 26

partes del cuerpo
- corto/a ≠ largo/a
- grueso/a ≠ fino/a
- pequeño/a ≠ grande
- enorme ≠ muy pequeño/a

el/la/los/las [+ nombre] + más/menos + adjetivo + de [+ nombre]

- Pedro ha encontrado *las* páginas *más* interesantes *de* Internet.
- Han escrito *el* texto *menos* largo *de* la clase.

El superlativo relativo  CE. 8 (p. 29)

6 Lee la información y busca ejemplos en el texto sobre el delfín.

7 Relaciona y forma frases correctas, como en el ejemplo.

1 *La jirafa tiene el cuello*
2 El guepardo es el animal
3 El mono es uno de los animales
4 El águila es una de las aves
5 El elefante es el mamífero
6 El tigre es el felino

más
menos

a grande del mundo.
b *largo de todos los animales*.
c veloces del cielo.
d lento del planeta.
e delgado de la Tierra.
f inteligentes del planeta.

[Ahora tú]

Habla sobre un animal sin decir su nombre. Tus compañeros dicen qué animal es. Puedes usar estas frases.

Su cuello es muy largo.   Su cola es muy gruesa.
Tiene orejas enormes.   Es un animal muy veloz.

- el/la más bueno/a de = el/la mejor de
- el/la más malo/a de = el/la peor de
- el/la más grande de = el/la mayor de
- el/la más pequeño/a de = el/la menor de

Repasas la gramática

Escribe las respuestas en tu cuaderno

Los comparativos

1 Completa las frases con *más... que/menos... que/tan... como*.

1. El delfín es _____ gracioso _____ el tiburón.
2. Los edificios de la ciudad son _____ altos _____ las casas del campo.
3. Un cómic es _____ divertido _____ un libro de aventuras.
4. El campo está _____ contaminado _____ la ciudad.
5. El coche es _____ rápido _____ la bicicleta.
6. El oso perezoso es _____ lento _____ el koala.

Los números desde 100

2 Lee las fichas y escribe un texto, como en el modelo, con los números en letras.

1. La tortuga de las Galápagos pesa *doscientos cincuenta* kg. Mide *un metro veinte*. Vive *ciento veinte* años.

3 La hormiga
Peso: de 1 a 5 mg
Longitud: 2 cm
Longevidad: de 1 a 3 años

2 El tucán
Peso: de 130 a 680 g
Longitud: de 29 a 63 cm
Longevidad: 20 años

1 La tortuga de las Galápagos
Peso: 250 kg
Longitud: 1,20 m
Longevidad: 120 años

5 El tiburón blanco
Peso: 2.250 kg
Longitud: 5 m
Longevidad: 70 años

4 La ballena azul
Peso: 3.900 kg
Longitud: 30 m
Longevidad: 110 años

El superlativo

3 Completa las frases con: *más/menos* + adjetivo + *de*, como en el modelo.

1. A todas mis amigas les encanta el deporte, excepto a Cristina.
   → *Cristina es la chica menos deportista de mis amigas.*
2. El guepardo es el campeón terrestre de la velocidad: corre a 110 km/h.
   → El guepardo es el animal terrestre _____ _____ _____ mundo.
3. María tiene dos amigos: Miguel estudia mucho y Sergio no estudia.
   → Sergio es el amigo _____ _____ _____ María.
4. Los chicos de mi clase son simpáticos, pero Julián es muy simpático.
   → Julián es el chico _____ _____ _____ mi clase.
5. El koala es el campeón mundial de los dormilones: duerme 22 horas al día.
   → El koala es el animal _____ _____ _____ planeta.

86 ochenta y seis

4 Escribe frases con *mayor, menor, mejor* y *peor*, como en el modelo.

1. *El elefante es el animal más grande de la Tierra.* — El elefante es el mayor de los animales de la Tierra.
2. La serpiente pitón es la más grande del mundo.
3. El delfín es el amigo acuático más bueno del hombre.
4. El colibrí es el ave más pequeña del mundo.
5. El hombre es el enemigo más malo de todos los animales.

Los adjetivos

5 Completa las frases con el nombre del animal y los adjetivos de la lista en la forma correcta.

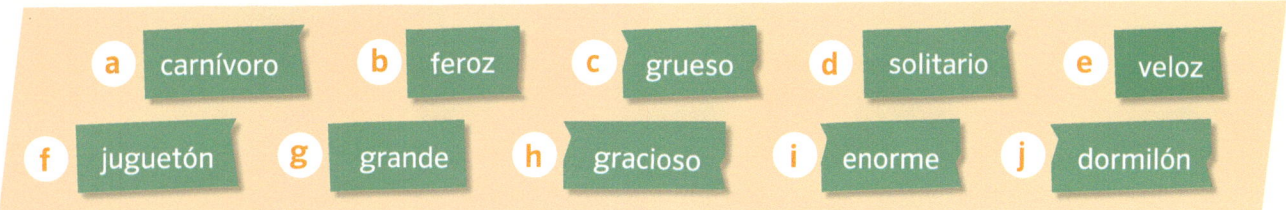

a carnívoro   b feroz   c grueso   d solitario   e veloz
f juguetón   g grande   h gracioso   i enorme   j dormilón

1. El domingo fuimos al zoo y vimos un _____ muy _____ y _____.

5. El _____ tiene una cola muy _____. Salta con las patas traseras.

2. El _____ es un animal _____. Este es de África, sus orejas son más _____ que las del _____ de Asia.

6. En el acuario hice fotos de dos _____ muy _____.

3. El _____ es _____, vive solo en los árboles.

7. Los _____ son animales _____.

4. El _____ es muy _____: puede correr a más de 100 km/h.

8. El _____ es un pez _____ (come otros peces y mamíferos marinos).

Vivir en sociedad

La vida en el zoo

Un grupo de alumnos de 2.º de la ESO visita el zoo de Barcelona con la intención de participar en alguno de los proyectos que tienen. Estas son algunas de las preguntas que les interesan.

1. ¿Cuántos animales hay?
2. ¿Qué actividades podemos realizar?
3. ¿Qué podemos aprender en estos proyectos?
4. ¿Qué hace el zoo para proteger a los animales?
5. ¿Aquí viven animales en peligro de extinción?

1 Infórmate sobre el zoo de Barcelona y encuentra la respuesta a las preguntas anteriores.

El zoo de Barcelona tiene más de 7.000 ejemplares de 400 especies diferentes de animales de todos los continentes. Sus objetivos son:

- Mostrar la gran diversidad de animales que viven en la Tierra.
- Conservar y proteger la fauna: tiene programas de cría de animales en peligro de extinción (como el tigre de Sumatra o el orangután de Borneo). En el zoo nacen animales y luego vuelven a su hábitat natural.
- Estudiar cómo viven los animales y qué enfermedades tienen para su preservación.
- Organizar talleres y visitas comentadas para los escolares y adultos. Por ejemplo, en los talleres para institutos, los alumnos aprenden cómo se alimentan los animales, cómo se desplazan, por qué están en peligro de extinción, cómo se pueden proteger...

2 ¿Cuál es para ti la función más importante del zoo?

3 Lee las opiniones de estos chicos sobre los zoos. ¿Con quién estás de acuerdo?

A mí no me gustan, porque los animales están encerrados.

Me parecen interesantes porque allí se pueden conocer animales que viven en otros continentes. Y también porque se aprenden muchas cosas sobre ellos.

Creo que en los zoos los animales se aburren, no tienen espacio para correr, volar, nadar...

Creo que son importantes porque sirven para proteger a los animales.

ÁREA de Ciencias de la Naturaleza

¿Cómo se desplazan los animales?

1 Infórmate sobre cómo se desplazan los animales. Luego, contesta a las preguntas.

> En la naturaleza los animales se desplazan de un lugar u otro para buscar comida, escapar de un depredador, encontrar una pareja para reproducirse, jugar… Según el hábitat donde viven, existen tres tipos de animales: acuáticos, terrestres y aéreos. Se pueden desplazar corriendo, nadando, saltando, caminando, volando o reptando.

a ¿En qué orden se dan estos datos en el texto?

- ☐ Objetivos del desplazamiento.
- ☐ Clasificación de las formas de desplazarse.
- ☐ Viven en el agua (dulce: ríos, lagos… o salada: mares y océanos) y no pueden vivir fuera de ella.
- ☐ Son capaces de volar o desplazarse por el aire.
- ☐ Su medio ambiente es la tierra.

b ¿Qué partes del cuerpo utilizan los animales para…
1 caminar y correr? ....
2 nadar? ....
3 volar? ....
4 reptar? ....
5 saltar? ....

(Busca las palabras nuevas en Internet o en un diccionario)

2 Piensa en animales que conoces, ¿cómo se desplazan?

3 Clasifica estos animales según su hábitat y di cómo se desplaza cada uno.

1 la abeja

2 la ballena

3 el canguro

4 la tortuga

5 la cigüeña

6 la mariposa

7 la boa

8 el camello

9 el elefante

10 el león

ochenta y nueve

MAGACÍN

¿Español? ¡Por supuesto!

ANIMALES DE HISPANOAMÉRICA

1 Observa las fotos. ¿Conoces alguno de estos animales?

el puma

el tucán

el oso hormiguero

el quetzal

la anaconda

2 Ahora, lee las descripciones y escribe el nombre del animal que corresponde.

el cóndor

1. _____ Es un felino que vive en las montañas y en las llanuras de América del Sur. Es un mamífero muy grande, puede medir hasta 1,80 m. Tiene una cola muy larga y unas patas cortas y gruesas. Puede dar grandes saltos y correr muy rápido.

2. _____ Es un ave. Su plumaje es negro y de colores vivos. Tiene un pico muy grande de colores y con pequeños dientes. Puede medir entre 29 y 63 cm. Vive en las selvas tropicales.

3. _____ Es el ave nacional de Guatemala y una de las más bellas del mundo gracias a su plumaje verde y muy brillante. Mide entre 36 y 45 cm. Pero su cola puede medir hasta 65 cm. Vive en las selvas montañosas. Su imagen aparece en la moneda de Guatemala (que también lleva su nombre).

4. _____ Es un mamífero de los Andes, principalmente peruanos. Pesa más o menos 50 kg y mide 80 cm. Es de color beis o marrón claro. Tiene las patas largas y delgadas y su pelo produce una lana muy fina.

5. _____ Es un ave grande y negra que vive en los Andes de Bolivia, Ecuador, Chile y Colombia. Puede medir hasta 3,20 m. Tiene plumas blancas alrededor del cuello, en las alas. Su cabeza es de color rojo. Puede vivir más de 60 años.

6. _____ Es la serpiente más grande del mundo, puede medir entre 4,5 y 10 m de largo. Es de color verde oscuro con manchas redondas negras. Vive en el agua, es fácil encontrarla en los ríos Orinoco y Amazonas.

7. _____ Este animal mamífero es característico del sureste mexicano, América Central y Sudamérica. También se llama *yurumí*. Puede medir hasta 1,30 m de largo y su cola hasta 85 cm. No tiene dientes y su lengua es muy larga (1 m), con ella puede atrapar su comida favorita: hormigas y termitas. Es un animal solitario.

la vicuña

3 Completa una ficha como la del modelo, para cada animal.

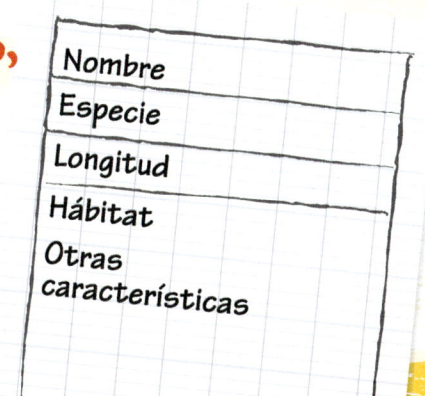

Nombre
Especie
Longitud
Hábitat
Otras características

PROYECTO cultural

▶ Elabora un cartel con cinco animales salvajes de tu país.

▶ Escribe un texto con las características de cada animal y preséntalo en clase.

Resumen de gramática

El adjetivo: género y número (pág. 13)

singular		plural	
masculino	femenino	masculino	femenino
-o *generoso*	-a *generosa*	-s *generosos/as*	
consonante *hablador*	-a *habladora*	-es *habladores*	-s *habladoras*
-ista *deportista*		-s *deportistas*	
-e *alegre*		-s *alegres*	

Usos:

Los adjetivos concuerdan con el sustantivo y se utilizan para:

▶ Hablar del carácter y la personalidad de alguien: *Carlos es inteligente.*

La cantidad y la intensidad: *mucho/a/s, muy* (pág. 13)

Expresamos cantidad con:

▶ *mucho/a/s* + sustantivo: *Tengo muchos libros. Como mucha fruta.*

Expresamos intensidad con:

▶ *Muy* + adjetivo: *Mi perro es muy inteligente.*
▶ Verbo + *mucho*: *Natalia estudia mucho.*

Tener que + infinitivo/Hay que + infinitivo (págs. 26 y 60)

Usos:

▶ *Tener que* se usa para expresar obligación personal:
Tienes que seguir todo recto.
▶ *Hay que* se usa para expresar obligación general:
Hay que caminar por el sendero.

El verbo *encantar* (pág. 15)

A mí A ti A Ud., él, ella A nosotros/as A vosotros/as A Uds., ellos/as	me te le nos os les	encanta	el chocolate salir con amigos nadar
		encantan	los coches los animales

Nivel 2

El presente de *querer, poder y jugar* (págs. 14 y 27)

querer e → ie	poder o → ue	jugar u → ue
quiero	puedo	juego
quieres	puedes	juegas
quiere	puede	juega
queremos	podemos	jugamos
queréis	podéis	jugáis
quieren	pueden	juegan

Estar + gerundio (pág. 40)

▸ Expresa una acción que se realiza en este momento: *Fernando está hablando con Paula.*
▸ Va con expresiones temporales como *hoy, esta mañana, este mes,* etc.
▸ Con *estar* + gerundio el pronombre (me, te, se, nos, os, se) puede ir delante del verbo *estar* o después del gerundio: *Me estoy levantando. Estoy levantándome.*
▸ Los pronombres de OD van antes o después: *Estoy escuchando música* → *La estoy escuchando. Estoy escuchándola.*

El gerundio regular e irregular (pág. 40)

verbos	gerundio
en *-ar*	-ando: andar → andando
en *-er*, *-ir*	-iendo: hacer → haciendo, subir → subiendo
con cambio vocálico: e→i, o→u	pedir → pidiendo, dormir → durmiendo
otros:	leer → leyendo, oír > oyendo, ir → yendo

Los pronombres de objeto directo (pág. 42)

pronombres personales	yo	tú	Ud., él, ella	nosotros/as	vosotros/as	Uds., ellos/as
pronombres OD	me	te	lo/la	nos	os	los/las

Usos y observaciones:

▸ Si se refieren a personas, llevan la preposición *a*: *Ahora llamo a Laura* → *Ahora la llamo.*
▸ Posición de los pronombres de OD:
  • Antes del verbo: *Compro el regalo* → *Lo compro.*
  • Con infinitivo: *Tienes que comprar la tarta* → *Tienes que comprarla. La tienes que comprar.*
  • Con *estar* + gerundio: *Estoy escuchando música* → *La estoy escuchando. Estoy escuchándola.*

Resumen de gramática

Los pronombres posesivos (pág. 56)

		masculino		femenino	
		singular	plural	singular	plural
Un poseedor	yo tú Ud., él, ella	mío tuyo suyo	míos tuyos suyos	mía tuya suya	mías tuyas suyas
Varios poseedores	nosotros/as vosotros/as Uds., ellos/as	nuestro vuestro suyo	nuestros vuestros suyos	nuestra vuestra suya	nuestras vuestras suyas

Usos y observaciones:

▶ Indicar posesión: *La mochila es mía.*
▶ Van con artículo (el, la, los, las) para hablar de algo que ya se ha mencionado:
  – *Mi deporte favorito es el tenis.*
  – *El mío es el esquí.*
▶ Concuerdan en género y número con el sustantivo o la persona a la que se refieren: *Los prismáticos son nuestros.*

El imperativo afirmativo (pág. 29)

verbos regulares

	mirar	leer	escribir
tú	mira	lee	escribe
Ud.	mire	lea	escriba
vosotros/as	mirad	leed	escribid
Uds.	miren	lean	escriban

verbo *ir*

	ir
tú	ve
Ud.	vaya
vosotros/as	id
Uds.	vayan

Usos:

▶ Dar instrucciones. *Ve todo recto.*

El pretérito perfecto simple: verbos regulares e irregulares (pág. 55)

verbos regulares

nadar	comer	escribir
nadé	comí	escribí
nadaste	comiste	escribiste
nadó	comió	escribió
nadamos	comimos	escribimos
nadasteis	comisteis	escribisteis
nadaron	comieron	escribieron

verbos irregulares

hacer	poner	ser/ir	ver
hice	puse	fui	vi
hiciste	pusiste	fuiste	viste
hizo	puso	fue	vio
hicimos	pusimos	fuimos	vimos
hicisteis	pusisteis	fuisteis	visteis
hicieron	pusieron	fueron	vieron

Usos y observaciones:

▶ Hablar de experiencias pasadas: *El sábado pasado hice una excursión.*
▶ Va con expresiones como ayer, la semana pasada, el mes/año pasado, hace... años, en Navidad, etc.

Nota: El acento es muy importante: presente: *yo paseo* / pretérito perfecto simple: *él paseó*

Nivel 2

El pretérito perfecto compuesto (pág. 70)

haber + participio	participios irregulares	
he has ha + cortado hemos metido habéis batido han	abrir → abierto escribir → escrito decir → dicho ver → visto	hacer → hecho poner → puesto volver → vuelto

Usos y observaciones:

▶ Contar acontecimientos pasados en un tiempo no terminado. Va con expresiones como: *hoy, esta mañana/tarde/noche. Esta semana, este año/mes. Este verano/invierno.*

▶ Con verbos pronominales → pronombre + *haber* + participio:
Esta mañana me he levantado a las nueve.

▶ Con pronombres de OD → pronombre + *haber* + participio:
– *¿Cuándo has hecho el gazpacho?*
– *Lo he hecho esta tarde.*

▶ Forma negativa: *No* + (pronombre) + *haber* + participio:
No he hablado con Matilde.

Los comparativos (pág. 82)

superioridad	inferioridad	igualdad
verbo + *más* + adjetivo + *que* *La jirafa es más alta que el elefante.*	verbo + *menos* + adjetivo + *que* *El tigre es menos sociable que el león.*	verbo + *tan* + adjetivo + *como* *El tiburón es tan peligroso como el cocodrilo.*

El superlativo relativo (pág. 85)

▶ *el/la/los/las* [+ nombre] + *más/menos* + adjetivo + *de*: *Pedro ha encontrado las páginas más interesantes de Internet. Han escrito el texto menos largo de la clase.*

Irregulares:

▶ El/La más bueno de = el mejor de → *El guepardo es el mejor de los animales que corren.*
▶ El/La más malo de = el peor de → *El tiburón es el peor de los animales del mar.*
▶ El/La más grande de = el mayor de → *El elefante es el mayor de los animales.*
▶ El/La más pequeño de = el menor de → *El colibrí es el menor de los pájaros.*

Usos:

▶ Destacar una característica de una persona, animal o cosa comparándola con otros de su mismo grupo.